DESARROLLO INMOBILIARIO
Integrando las Piezas

Carlos E. Rousseau Garza
San Pedro Garza García, N.L., México 2020.
—

Acerca del autor

Carlos E. Rousseau

Carlos es cofundador y director general de Orange Investments, firma líder de servicios e inversiones de bienes raíces con presencia en el continente americano. Cuenta con amplia experiencia en el asesoramiento y administración de inversiones inmobiliarias con valores superiores a los mil quinientos millones de dólares, que representan más de un millón de metros cuadrados en proyectos ejecutados.

Como emprendedor ha participado activamente en la creación de nuevos negocios como Zoe Real Estate, que se especializa en la comercialización exclusiva de proyectos de real estate, y Hello Management, empresa que presta servicios de administración de propiedades y creación de comunidades. Actualmente preside el consejo del centro de innovación y de apoyo a startups: Orange Ventures.

Así mismo, funge como profesor responsable de la Cátedra Orange de real estate en el Tecnológico de Monterrey, donde también cursó la carrera de Ingeniería Industrial y de Sistemas.

Cuenta con un MBA por la Universidad de Duxx y estudios de postgrado por Darden School of Business, Babson, y la Harvard.

A lo largo de su carrera, ha publicado numerosos artículos y ensayos en temas de bienes raíces, emprendimiento, innovación e inversiones financieras en medios como Real Estate Market & Lifestyle, El Financiero, El Economista, Pro Magazine, Players of Life, Inmobiliare, México Infrastructure & Sustainability Review, The Business Year y Medium, además de sus colaboraciones activas en el blog de la empresa: Think Orange.

Carlos también tiene presencia en su sitio web personal y sus redes sociales:

www.carlosrousseau.me

LinkedIn: **carlos-rousseau**

Instagram: **carlosrousseau**

Mapa de contenidos

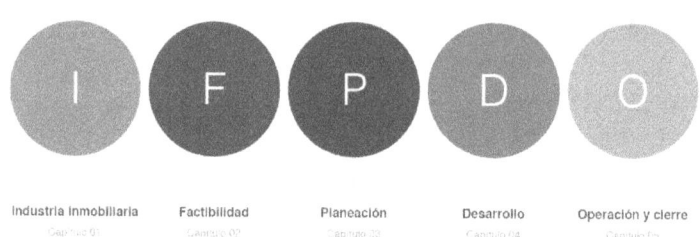

| Industria Inmobiliaria | Factibilidad | Planeación | Desarrollo | Operación y cierre |
| Capítulo 01 | Capítulo 02 | Capítulo 03 | Capítulo 04 | Capítulo 05 |

ACERCA DEL AUTOR I
INTRODUCCIÓN 1
CAPÍTULO 1 INDUSTRIA INMOBILIARIA 2
1.1. Introducción.. 2
1.2. Aspectos económicos... 2
1.3. Estructuras de asociación 9
1.4. Sectores participantes 13
1.5. Proyectos inmobiliarios.. 15
1.6. Conclusión del capítulo 1 35
CAPÍTULO 2 FACTIBILIDAD 36
2.1. Introducción 36
2.2 Selección del sitio 37
2.3 Leyes, normas y reglamentos 42
2.4 Estudio de mercado 45
2.5 Modelo de negocio.. 57
2.6 Conceptualización 59

2.7	Factibilidad financiera	66
2.8	Calendario de actividades	72
2.9	Conclusión del capítulo 2	74

CAPÍTULO 3 PLANEACIÓN 75

3.1	Introducción	75
3.2	Administración profesional de proyectos	76
3.3	Diseño arquitectónico e ingenierías	89
3.4	Trámites y estudios	96
3.5	Identidad corporativa	98
3.6	Plan comercial	100
3.7	Análisis financiero	111
3.8	Plan de inversión	130
3.9	Conclusión del capítulo 3	133

CAPÍTULO 4 DESARROLLO 134

4.1	Introducción	134
4.2	Administración comercial	135
4.3	Administración financiera	142
4.4	Administración de obra	149
4.5	Reportes de resultados	155
4.6	Cierre de proyecto	158
4.7	Escrituraciones	163
4.8	Conclusión del capítulo 4	165

CAPÍTULO 5 OPERACIÓN Y CIERRE 166

5.1	Actividades posteriores al cierre	166
5.2	Administración del inmueble	168
5.3	Cierre financiero	182
5.4	Conclusión del capítulo 5	185

CONCLUSIONES GENERALES 186

GLOSARIO 187
REFERENCIAS 197
LIGAS DE INTERÉS 198

Introducción

HighPark. Orange Investments. Monterrey, NL.

Este libro es una guía práctica para entender la industria de los bienes raíces y el proceso de planeación y realización de un proyecto inmobiliario, dividido en cinco fases que abarcan desde la concepción original hasta la entrega final y la operación. Ofrece una serie de herramientas de trabajo que asistirán al lector en su emprendimiento, de manera que pueda comprender plenamente sus riesgos y enfocar sus esfuerzos en la alternativa con mayor rentabilidad posible.

El material aquí dispuesto condensa las experiencias en proyectos de empresas inmobiliarias y personales del autor, y considera temas variados como el financiamiento y estructuración de los desarrollos inmobiliarios, las herramientas de análisis, los aspectos de mercado y del sector. Su objetivo final es ser de utilidad para el emprendedor que desee formar parte de esta interesante industria.

Capítulo 1
Industria inmobiliaria

Organizador temático

- **1.1** Introducción
- **1.2** Aspectos económicos
  - Ciclos de bienes raíces
  - Tasas de interés
  - Capital institucional
- **1.3** Estructuras de asociación
  - Fideicomisos
  - Gobierno corporativo
- **1.4** Sectores participantes
- **1.5** Proyectos inmobiliarios
  - Definición
  - Clases de proyectos
  - Actores en proyectos
  - Fuentes de financiamiento
  - Principales riesgos
  - Factores críticos
- **1.6** Conclusión

1.1. Introducción

Antes de adentrarnos en las fases para emprender un proyecto, vale la pena repasar algunas generalidades del sector y algunas particularidades de sus desarrollos.

La industria inmobiliaria ha sufrido cambios extraordinarios y, aunque existen vastas diferencias entre los países desarrollados y en desarrollo, los métodos, las formas de trabajo y la dinámica son muy similares.

1.2. Aspectos económicos

Uno de los elementos clave para mejorar la toma de decisiones es el reconocimiento de los ciclos del mercado, que se ven influenciados por factores externos como el crecimiento económico, la tasa de desempleo, el nivel de seguridad y la oferta de financiamiento. Cuando estas variables se encuentran estables o en crecimiento, la oferta de bienes raíces tiende a expandirse, debido al alto nivel de optimismo y confianza entre las personas que los demandan.

Por el contrario, en una etapa de recesión económica, el mercado inmobiliario tiende a contraerse y experimentar bajas en el valor de sus activos, lo que trae como consecuencia que los capitales se enfoquen en aprovechar las oportunidades de compra.

Así, entender los momentos de la industria es crítico para alcanzar buenos retornos. El ciclo de bienes raíces refleja el de la economía, pues el crecimiento general requiere de espacios para materializarse. Al fin de cuentas, la tierra es uno de los factores principales para la producción, además de la mano de obra y el capital.

Ciclos de bienes raíces

Los ciclos de bienes raíces se pueden clasificar en cuatro fases, según el cambio que experimentan en su oferta y demanda. Veamos cómo se comporta el ciclo económico de bienes raíces.

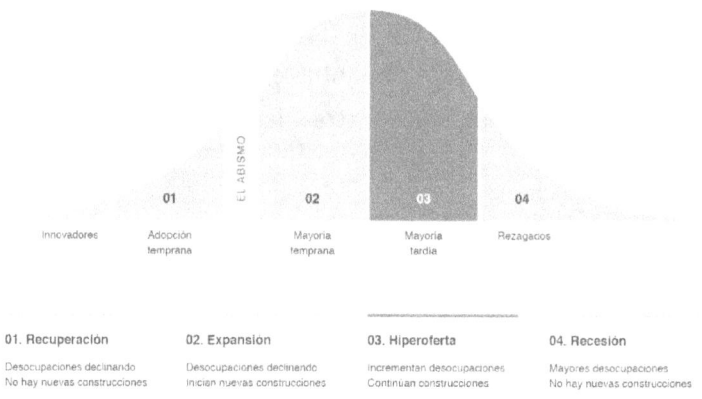

- **Recuperación.** Las ocupaciones en inmuebles tocan sus puntos más bajos, con muy poca demanda y absorción de renta mínima. Generalmente, no hay nuevas construcciones en el horizonte y los incrementos en valores de renta son negativos, nulos o por debajo de la tasa de inflación. Identificar el inicio de la recuperación es difícil, pues el sentimiento de recesión puede subsistir.

- **Expansión.** Al inicio se percibe un abismo, una brecha entre la demanda y oferta actual en el mercado. Aun con esta incertidumbre, la demanda requerida para los espacios comienza a escalar. Los empleos crecen constantemente y los niveles de ocupación y los valores de rentas se aceleran. Inicia el desarrollo de nuevos proyectos y ocasionalmente llega la sensación de que la oferta y la demanda se encuentran en equilibrio.

- **Hiperoferta.** Etapa que exige precaución, pues el crecimiento rampante de nuevos espacios o la baja en la demanda por razones económicas puede causar una sobreoferta. Se hace notar una fuerte alza de la tasa de desocupación, en contraste con los promedios de años anteriores. El auge en los valores de rentas se detiene y empieza a decaer.

- **Recesión.** La oferta rebasa a la demanda y, por ende, sobrevienen tasas altas de desocupación en los inmuebles. El ritmo ascendente de los valores de renta decrece o se estanca en niveles inferiores a la inflación. Por lo general, existe una férrea competencia por los clientes y los administradores ofrecen más concesiones y mejores condiciones comerciales a los inquilinos.

Tasas de interés

Una variable fundamental en la demanda de productos inmobiliarios es el comportamiento de las tasas de interés. A medida que estas bajan, aunado al nivel de oferta de financiamiento, prospera entre la gente el incentivo de endeudarse para adquirir un mejor inmueble o buscar alternativas de inversión en el sector. En este caso, los mercados reflejan una expansión en la oferta de producto.

Los valores inmobiliarios suelen vincularse con el comportamiento de las tasas de interés en el mercado, en sintonía también con la salud económica general. En un entorno favorable para empleos y salarios, aunque exista un incremento en tasas, el comportamiento de los compradores no debe verse frenado.

Ahora bien, con mayores tasas de interés, las transacciones de bienes raíces vienen a menos, pues el nuevo estándar descalifica a más gente para la obtención de créditos. En el negocio de vivienda, el ascenso de las tasas complica las transacciones de compraventa y viceversa cuando las tasas bajan.

Micrópolis. Orange Investments. Monterrey, NL.

Capital institucional

Las nuevas vías de financiamiento han detonado cambios notorios en la industria inmobiliaria. En sus inicios, durante la primera década del siglo XX, las grandes obras solo eran desarrolladas por familias y empresarios acaudalados.

Con la llegada de los fideicomisos inmobiliarios en los Estados Unidos (real estate *investment trusts* o REIT), se multiplicaron los grupos de inversionistas potenciales. El congreso de Estados Unidos creó estos vehículos en 1960, a fin de promoverlos y hacerlos accesibles para cualquiera mediante la compraventa de activos con liquidez inmediata, ya que la mayoría cotiza en las principales bolsas de valores. Hoy, el mercado de REIT en Estados Unidos tiene un valor de capitalización de mercado superior a un billón de dólares.

Valor aproximado de activos inmobiliarios.

El valor total de los bienes inmuebles en el mundo representa más de 3.5 veces el PIB global.

$38 billones USD
EUA

$500 mil millones USD
México

$280 billones USD
Resto del mundo

Fuente: Savills World Research, Zillow

REITS

El mercado de fideicomisos inmobiliarios similares a los REITS se ha expandido aceleradamente a otros países y con esto ha logrado ofrecer a sus inversionistas un producto de inversión con atractivos dividendos, diversificación, transparencia y competitividad en las empresas que participan.

La asociación que agrupa a los REITS es la National Association of Real Estate Investment Trusts (NAREIT). Sus miembros son todos los REITS, así como otros negocios que operan y financian bienes raíces en Estados Unidos y que, en su mayoría, cuentan con ingresos recurrentes que son distribuidos periódicamente entre sus inversionistas. De entre sus integrantes también destacan compañías e individuos que asesoran, estudian y dan servicio a estos negocios.

En el caso de México, los REIT se identifican como fideicomisos de infraestructura y bienes raíces (fibras), y son vehículos para el financiamiento de activos que ofrecen pagos periódicos y ganancias de capital (plusvalía). De esta manera, un inversionista puede acceder a recibir rentas de propiedades, sin tener que invertir directamente en un inmueble. Estos fideicomisos se capitalizan con la emisión de certificados en las Bolsas de Valores, a través de una oferta pública.

Actualmente, en México existe más de una decena de fibras listadas en la BMV y la expectativa es que crezcan tanto el número de jugadores como el grueso de las carteras participantes. El valor de capitalización ha ido en franco aumento: se aproxima a los 15,000 millones de dólares.

Certificados de capital de desarrollo (CKD)
Los CKD, o certificados de capital de desarrollo, se lanzaron en la Bolsa Mexicana de Valores de México en el 2009. Estos valores fiduciarios se ofrecen para captar capital de

inversionistas institucionales —principalmente de las administradoras de fondos de pensiones— y respaldar inversiones en proyectos de largo plazo a través de fideicomisos.

Aunque los CKD abarcan áreas como infraestructura, minería y desarrollo tecnológico, se han activado mucho en el sector inmobiliario, con altos rendimientos procedentes de los proyectos.

Fibras vs. CKD
Las fibras y los CKD se categorizan como instrumentos estructurados en el régimen de inversión de las afores Mexicanas, aunque cada uno con características y fines muy particulares.

En resumen, el principio fundamental de las fibras es invertir en activos consolidados dirigidos a la operación y generación de rentas, mientras que los CKDs lo hacen con el desarrollo de proyectos de inversión. Es decir, los proyectos creados con la ayuda de CKDs pueden ser vendidos a las fibras.

1.3. Estructuras de asociación

Existen varios tipos de asociaciones para emprender un proyecto inmobiliario. Generalmente, se integran por dos o más personas o entidades con diferentes talentos o recursos. Uno de los acuerdos más comunes es que una parte invierta el capital y la otra, el talento. Los tipos de contratos para regular estas actividades son variados y dependen de distintos factores como, por ejemplo, los impuestos, que ofrecen ventajas fiscales como evitar la doble tributación y mitigar mejor los riesgos.

De las estructuras de asociación, las más típicas son los fideicomisos, sociedades y contratos de alianza ("Joint Ventures"). En la mayoría de los casos, son apoyadas con convenios que reflejan las reglas de asociación de cada parte.

Fideicomisos

El fideicomiso es un acto jurídico en el que una persona entrega a otra la titularidad de ciertos activos para que los administre en beneficio de un tercero.

Los integrantes principales de un fideicomiso son:

- **Fideicomitentes:** aporta bienes o servicios de su propiedad al fideicomiso.
- **Fideicomisarios:** persona que recibe los beneficios del fideicomiso.
- **Fiduciaria:** institución encargada de administrar o invertir los bienes aportados al fideicomiso, según sus fines.
- **Comité técnico:** grupo representativo de fideicomitentes que lleva la toma de decisiones e instrucciones a la fiduciaria.

Ventajas de un fideicomiso:

- Ofrece certeza jurídica a los inversionistas.
- Garantiza la transparencia de la operación del proyecto.
- Puede segregar el riesgo del proyecto por contingencias futuras.
- Los acuerdos entre los socios típicamente se regulan en convenios accesorios en los que no participa la fiduciaria.
- Al existir un derecho de reversión sobre los bienes aportados, pueden diferirse algunos impactos fiscales.
- Puede existir transparencia fiscal respecto a los dueños originales.
- Los flujos suelen ser recibidos por los socios, sin intervención de la fiduciaria.
- Permite establecer condiciones para que los socios puedan readquirir los bienes aportados.
- Puede utilizarse para desarrollos destinados a la renta o venta de inmuebles.

Elementos básicos que debe contener una estructura de asociación para un proyecto determinado:

- **Descripción del proyecto:** definición del tipo de producto, incluyendo las superficies destinadas a la renta o venta, número de unidades, plazo de ejecución, ubicación y monto de inversión.
- **Estructura de capital:** establecimiento del origen de recursos (terreno, capital, deuda, preventas o ingresos de la operación) y su aplicación (terreno, costos de

construcción o *hard costs*, gastos indirectos o *soft costs*, intereses y gastos financieros).
- **Aportación inicial y aportaciones subsecuentes:** montos por cada inversionista al inicio y durante la ejecución del proyecto, con su respectivo calendario y condiciones de aportaciones.
- **Gastos esperados:** clarificación de los gastos de todas las actividades que se realizarán antes y durante la planeación del proyecto, así como un presupuesto general del todo.
- **Participaciones:** acuerdo sobre los porcentajes de participación de cada socio involucrado en el proyecto.
- **Otros participantes y/o inversionistas:** por cualquier eventualidad, tener reservada una alternativa de integración de otros inversionistas y fijar las reglas para concretarla.
- **Penalizaciones por falta de aportación de capital:** concreción del protocolo en caso de retrasos en los pagos de aportaciones (por ejemplo, el proceso de terminación con un socio por incumplimiento).
- **Fines de la estructura:** posición sobre los objetivos de la estructura jurídica seleccionada (entidad, fideicomiso, etcétera).
- **Designación del desarrollador:** nombramiento de la empresa desarrolladora responsable de la realización del proyecto, incluyendo los poderes y facultades necesarios para facilitar su ejecución.
- **Dirección:** designación de los participantes en la estructura directiva con responsabilidades sobre la toma de decisiones estratégicas que impactarían en el

resultado del proyecto, incluyendo su protocolo de ejecución.

Gobierno corporativo

La adopción de prácticas de un buen gobierno corporativo es fundamental para el desarrollo de cualquier proyecto inmobiliario. En su estructura y definición participan los diferentes inversionistas y profesionales responsables, dotándolas de mayor profesionalismo para la toma de decisiones y regulando la gestión diaria de la operación y administración.

Adoptar estas prácticas permite:

- Tomar mejores decisiones del proyecto, gracias a la información oportuna, verídica y relevante manifiesta en los reportes que se generan.
- Transparencia ante terceros y personal interno.
- Medir de mejor manera la operación y el desempeño del negocio.
- Una adecuada administración del proyecto.

1.4. Sectores participantes

Los participantes en la industria inmobiliaria son muy variados. En el diagrama, observamos cuatro segmentos que, relacionados entre sí con diferentes actividades, integran una cadena de valor para el sector.

A estos participantes se les puede ver en todos los niveles: local, nacional e internacional. La profesionalización ha formado empresas globales que brindan servicios con altos estándares y presencia en muchos países.

También se han incorporado nuevos proveedores de servicios en áreas como la sustentabilidad, que ha crecido a la par de tendencias como el cuidado y la preservación del medio ambiente.

Participantes de la industria

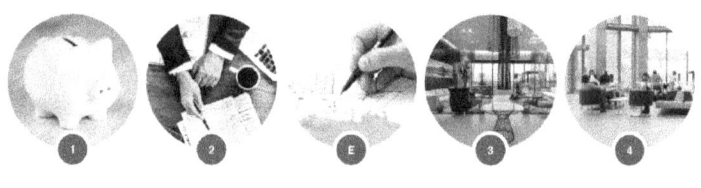

Segmento 1.
Grupo de personas que canalizan gran parte de sus ahorros a empresas administradoras de recursos, como fondos de pensiones.

Segmento 2.
Compañías que prestan servicios de administración de capital y destinan una parte importante de ellos a inversiones de bienes raíces. Aquí se encuentran los fondos de pensiones, instituciones bancarias y otros que, mediante instrumentos de deuda y capital, son fuente importante para la realización de proyectos.

Ejecución.

Empresas y profesionistas que ejecutan un proyecto por medio de la prestación de sus servicios. Sus actividades son variadas y coordinadas en su mayoría por el grupo desarrollador y administradores de proyectos.

Segmento 3.
Tras la ejecución, se integran estas empresas y profesionistas, que comercializan los inmuebles y los operan a lo largo de su ciclo de vida.

Segmento 4.
Los compradores y usuarios finales que reciben y utilizan respectivamente los espacios del proyecto.

1.5. Proyectos inmobiliarios

Definición
Un proyecto se puede definir como un conjunto de acciones temporales sometidas a una planeación en tres niveles —gerencial, administrativo financiero y de operación—, que son dirigidos para generar uno o varios productos específicos.

En este libro, el proceso para llevar a cabo un proyecto se resume en cuatro etapas fundamentales: factibilidad, planeación, desarrollo y operación.

Clases de proyectos

Los proyectos inmobiliarios varían mucho debido a elementos como sus espacios, tamaños y destinos. Sin embargo, los podemos clasificar en clases de proyectos como estas:

Clases de proyectos

| OFICINA | COMERCIO | USOS MIXTOS | RESIDENCIAL | OTRAS CLASES |

Oficina. Se clasifican como 1) inteligentes o AAA (grado de equipamiento alto), 2) *backoffice* (oficinas con alta densidad de empleados y ubicados en zonas suburbanas).

Comercio. Según el International Council of Shopping Centers de EUA, se dividen en los siguientes formatos: centro regional, superregional, comunitario, vecindario, comunitario, *lifestyle*, temático, *power center* y *outlets*.

Usos mixtos. Proyectos que mezclan más de un tipo de uso en un solo inmueble.

Residencial. Los diferentes tipos de vivienda: casas unifamiliares, unidades multifamiliares, *assisted living, coliving* y residencias para estudiantes. Generalmente también se clasifica según al rango de valor: interés social, económica, media, residencial y residencial plus.

Otras clases. Hospitales, centros educativos, proyectos industriales, comunidades planeadas, entre otros activos.

Actores en proyectos

En la fase de ejecución, entre más grande sea un proyecto, mayor será el número de personas involucradas y la profesionalización de la estructura de operación. A continuación, se presenta el rol de estos dentro del plan de la industria inmobiliaria.

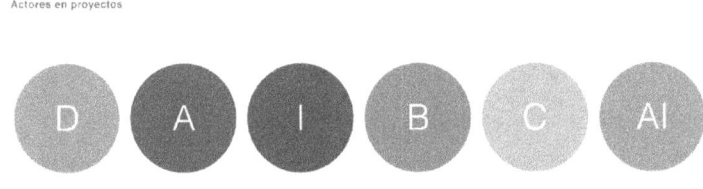

Actores en proyectos

Desarrolladores

Son los mayores protagonistas, pues coordinan los roles de distintos actores, como inversionistas, arquitectos, gerentes de proyectos, abogados, brókeres y banqueros.

Un desarrollador inmobiliario (*developer*) es un coordinador de actividades que van desde la renovación de un edificio hasta el desarrollo de un terreno en breña. Puede estar activo en operaciones inmobiliarias de venta o renta y administración de inmuebles, entre otras. Con su creatividad e innovación, también es capaz de convertir ideas en proyectos reales. Usualmente, entre las personas que integran estas compañías figuran arquitectos, ingenieros, financieros e incluso profesionales en mercadotecnia y ventas.

Los desarrolladores combinan su intuición y preparación en diferentes disciplinas para ejecutar profesionalmente sus ideas en el transcurso de un proyecto. Cabe mencionar que, en la actualidad, una gran parte de los honorarios (*fees*) que cobra un desarrollador está alineada con los resultados que generan los proyectos, como figura de incentivos de éxito.

Entre las principales funciones de un desarrollador se encuentran:

- Evaluar la viabilidad del proyecto.
- Coordinar la planeación integral.
- Elaborar el plan de negocio y asegurar las fuentes de financiamiento.
- Coordinar la estrategia e implementación del sistema de ventas y mercadeo.
- Monitorear el avance de la construcción.
- Coordinar la etapa final y entrega de las unidades a sus compradores.

Estas son algunas características deseables en un desarrollador:

- **Habilidades de liderazgo:** pasión y visión para ayudar a orientar y motivar a cada miembro del equipo del proyecto.
- **Flexibilidad y adaptabilidad al cambio:** capacidad de reacción y nuevas estrategias para asegurar el

cumplimiento de las metas establecidas mediante diferentes rutas.
- **Disciplina y paciencia:** atención a los detalles de operación, aun en momentos críticos, y esperar que los resultados se manifiesten.
- **Habilidades de mercadotecnia y finanzas:** nunca descuidar el mercado meta del proyecto; el control del plan financiero y sus métricos son una tarea crítica.

En general, un desarrollador exitoso integra una serie de características similares a las de un emprendedor. De entre ellas resalta la habilidad de reunir talentos de diferentes áreas profesionales para asegurarse de que las cosas sucedan; en situaciones de alta presión e incertidumbre, el desarrollador también debe transmitir confianza y una clara visión del resultado esperado en términos de calidad y rentabilidad a sus clientes y al equipo de trabajo.

Arquitectos

Su trabajo de diseño y supervisión impacta en el resultado de eficiencia de los espacios y la estética del producto. Dado que ponen en juego su prestigio, observan ante todo la calidad de la construcción. Para seleccionarlos se requiere evaluar su trabajo previo, conocimiento del mercado local y medir su flexibilidad para explorar aquellas alternativas que mejor logren los resultados buscados.

Inversionistas

Se enfocan en la rentabilidad que obtienen por su capital. Por lo general juegan un rol pasivo y buscan asegurar que su inversión reditúe más que otras alternativas de riesgo similar.

Brókeres
Son los intermediarios entre compradores y vendedores. De ellos dependen en gran medida los ingresos de un proyecto. Conviene involucrarlos desde la concepción de un proyecto para aprovechar su conocimiento del mercado a la hora de diseñar el producto.

Constructores
Estos y otros contratistas de distintas especialidades son proveedores que ejecutan sus trabajos rápida y eficientemente para asegurar un proyecto con calidad y generar ganancias en sus respectivas empresas.

Administradores de inmuebles
Personas o empresas profesionales que supervisan la operación diaria de un activo inmobiliario y se involucran en cuidar las relaciones y generar comunidad entre los inquilinos.

Fuentes de financiamiento
Todo individuo que posee el capital necesario para participar en un proyecto inmobiliario se considera candidato a ser inversionista. Es fundamental reconocer y entender las diferentes alternativas de inversión disponibles, pues sus niveles de riesgo y rendimiento varían. En general, un proyecto de bienes raíces es una buena alternativa para invertir y diversificar un portafolio.

En los Estados Unidos, los inversionistas institucionales ocupan la mitad del mercado, mientras que los REITs y los desarrolladores solo el 20 y el 10 por ciento respectivamente. Los administradores de activos (*asset managers*) tienen una participación mucho mayor que los desarrolladores. Las carteras de pensiones y fondos mutuos a menudo incluyen activos inmobiliarios como medida para balancear sus portafolios. Las asignaciones de objetivos en inversiones en bienes raíces oscilan alrededor del 10 por ciento. Un portafolio que incluye bienes raíces logra un mayor balance entre el resultado y el riesgo a largo plazo.

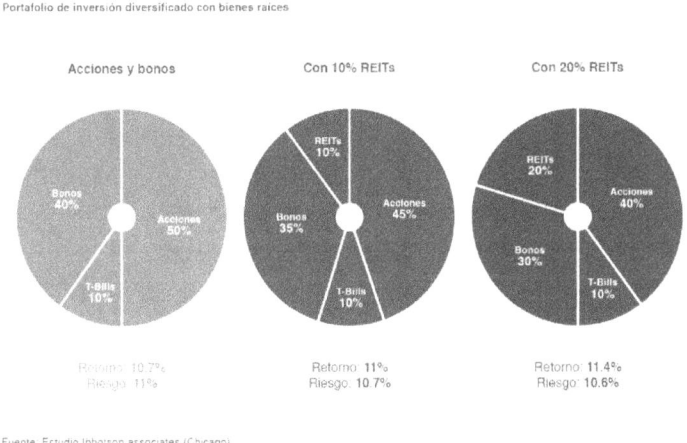

Fuente: Estudio Ibbotson associates (Chicago)

Entre las alternativas de fondeo más comunes se encuentran:

- Fondos de inversión públicos y privados
- Fideicomisos inmobiliarios
- *Family-offices*

- Inversionistas individuales
- Instituciones bancarias
- Instituciones aseguradoras
- *Crowdfunding*
- Otras fuentes

Estos recursos se catalogan como capital, deuda o una combinación de ellos. Los inversionistas son pieza fundamental de un proyecto inmobiliario, por lo que es vital seleccionar el perfil objetivo y procurar alinear sus intereses, hacer un "match" con el plan de desarrollo en cuestión.

Por lo tanto, se deben reunir las expectativas de cada parte involucrada, para luego documentarlas claramente en un apartado dentro del plan de negocios, descrito con más profundidad en el capítulo 3.

Preventa
A diferencia del primer mundo, donde una gran parte del fondeo proviene de apalancamiento bancario y el uso de dinero de clientes se restringe durante la obra, en los países en desarrollo existe otra fuente valiosa: las preventas. Estos recursos provistos por los clientes son utilizados para fondear gran parte de la obra antes de su culminación.

Con el cuidado y concentración de los anticipos aplicados a acciones financieras de las preventas, disminuye proporcionalmente el capital aportado por los inversionistas y, por lo mismo y mientras no se afecte tanto el margen de ganancia generalmente aumenta el rendimiento sobre el capital (ROE) y la tasa interna de retorno (TIR).

Apalancamiento bancario
A fin de lograr mejores tasas de rentabilidad en los proyectos, se utiliza la deuda bancaria, comúnmente llamada apalancamiento.

En la mayoría de los préstamos bancarios se suelen aplicar tasas de interés menores a las que busca el socio inversionista de un proyecto; además, permite a los desarrolladores conservar un capital para destinar a otras inversiones.

Sin embargo, no está por demás observar el riesgo de un crédito, pues el banco exige una serie de requisitos considerables. En la mayoría de los casos, tanto el interés como el capital de un préstamo bancario deben ser liquidados antes de que cualquier inversionista obtenga retornos sobre su capital invertido y, en su caso, también antes de las utilidades del proyecto. Además, los niveles de cobertura y garantías que fija un banco para un préstamo suelen ser altos.

El empleo del apalancamiento es una buena alternativa para fondear un proyecto, siempre y cuando la tasa de retorno de la inversión (TIR) esperada sea mayor al costo del préstamo (tasa de interés). Una gran ventaja del crédito bancario es que los costos del financiamiento generalmente son deducibles de impuestos.

Capital semilla

Como sucede con negocios de otros giros, esta modalidad de inversión se da en una etapa de inicio y conceptualización, y suele ser la más cara por el riesgo que conlleva. Para captar la atención de inversionistas ángeles, el plan de proyecto deberá estar suficientemente aterrizado y haber superado análisis de factibilidad jurídica, económica y de mercado. Comúnmente, quienes lo aportan son amigos de confianza o familiares del desarrollador.

Capital privado

Dada la complicación de captar dinero de fuentes individuales, muchos desarrolladores prefieren los fondos privados. Por lo general, estos inyectan capital temporal a cambio de participación. Las entidades que lo hacen suelen buscar el control en las decisiones de los proyectos y solicitan que el equipo de desarrollador alinee sus intereses con esquemas de incentivos variables ("promotes") en función de los resultados, pues en todo momento desean maximizar sus ganancias.

Fondos públicos
Este financiamiento se da de varias maneras: usualmente estos fondos de pensiones o públicos invierten en proyectos y portafolios con horizontes de largo plazo; por otro, instrumentos como las fibras y los REITs. Con frecuencia, estos fideicomisos optan por inmuebles ya estabilizados con un nivel de ocupación alto y flujos de operación asegurados a largo plazo.

En México se encuentran también los CKDs, que integran recursos de diferentes inversionistas, sobre todo de los fondos de pensiones enfocados en el desarrollo de proyectos.

Proveedores
Una fuente recurrente es el intercambio de inversión por trabajo, materiales o una combinación de ambos. Para lograrlo, se requiere claridad con los distintos actores, las especificaciones y las reglas presentes en el contrato.

No contar con un buen acuerdo puede derivar en problemas graves en la ejecución del proyecto, tanto en el factor tiempo como en la calidad de los trabajos o los materiales empleados.

Crowdfunding
Esta nueva tendencia simplifica la promoción masiva de oportunidades de negocio y el acceso a una amplia base de

prospectos (amigos, familiares, colegas y entusiastas desconocidos) por medio de redes sociales, páginas web y otras plataformas digitales. Reúne a un número importante de inversionistas comunes y *tickets* de inversión atractivos con un modelo que conecta a tres actores principales: el emprendedor, los inversionistas y el sitio que facilita la transacción.

Plusvalía

La plusvalía es el incremento de valor en el tiempo que adquiere un bien raíz en función de una serie de variables según su mercado. En algunos casos, este crecimiento es sustancial y supera a otros instrumentos de inversión.

Conexity. Orange Investments. Monterrey, NL.

Hoy, los emprendedores y los inversionistas tienen acceso a mayores posibilidades de asociarse y gestionar sus recursos. Los primeros se motivan para implementar sus ideas con una cartera más generosa de fuentes financieras, y a su vez estas fuentes se han democratizado: provienen tanto de los grandes capitalistas y banqueros como del ciudadano común.

Elegir la mejor forma o mezcla de financiamiento dependerá, entre otros factores, de los objetivos y la tolerancia al riesgo de cada proyecto.

Principales riesgos

En el desarrollo de los proyectos se corren riesgos que, a veces, pueden impactar seriamente los márgenes de ganancia y que, por tanto, se deben administrar y controlar en todo momento.

A continuación, algunos ejemplos de ellos.

Planeación
- Adquisición de un sitio sin las características necesarias
- Obtención de permisos y factibilidades de servicios
- Diseño del producto no acorde al Mercado

Comercial
- Precios de venta superiores o inferiores a los demandados por el Mercado
- Oferta competitiva que resulte en menores ritmos de absorción o precio
- Operaciones de preventa por debajo del margen esperado o costo del proyecto

Financieros
- Costos reales superiores a los del presupuesto base (*cost overruns*)
- Omisiones o malos cálculos en las partidas del presupuesto base
- Aumento en el costo de materiales o mano de obra
- Porcentaje y términos de financiamiento diferentes a los esperados, que resulten en requerimientos mayores de capital
- Robo y fraude

Programa
- Demoras a causa de mala planeación, trámites y permisos, seguimiento o tardanza en el suministro de los materiales
- Ministraciones bancarias con desfase
- Abandono de obra por algún contratista

Control de calidad
- Calidad inferior a la especificada
- Condiciones latentes e imprevistas (vicios ocultos en el sitio, suelos, fachadas históricas)
- Mano de obra de baja calidad (en incumplimiento de las especificaciones o estándares)
- Materiales defectuosos (sobre todo con incumplimiento de especificaciones)
- Problemas de coordinación (fallas en el producto final a causa del diseño)
- Tecnología de construcción nueva o no probada (nuevos componentes o sistemas del inmueble)

Manejo y disputas en la gestión
- Disputas entre los miembros del equipo
- Conflictos entre el equipo del proyecto y las autoridades permisivas (comisión e inspector de edificación)

Factores críticos

Ubicación

En el ámbito de los bienes raíces, mucho se habla del término de ubicación. Y no podemos obviarlo, ya que suele ser el atributo más significativo de un proyecto. Su principal característica es ser inalterable e inamovible.

Generalmente, la ubicación determina las particularidades del proyecto por desarrollar en un predio. En el capítulo de Factibilidad veremos cómo cada sitio implica una serie de factores como los lineamientos normativos y las preferencias del mercado.

Cada segmento de mercado define una buena ubicación según sus preferencias. Por ejemplo, a las familias les pudiera ser atractiva la cercanía con los colegios o una zona comercial y de servicios; en cambio, una empresa vería con mejores ojos estar próxima a sus clientes o proveedores.

Para ubicar un proyecto, hay que evaluar una serie de factores y posibilidades, como se describe a continuación.

Selección del terreno

Una variable clave para la selección de un predio es su capacidad de edificación: es decir, la cantidad de metros cuadrados permitidos para construir (normado por la carta urbana de cada municipio y análisis previo de los componentes; ver Leyes y reglamentos en el capítulo 2). Al evaluar alternativas, es necesario obtener el costo de los metros cuadrados edificables del terreno, además de integrar esta consideración con otras como las restricciones de altura y remetimientos. Se recomienda solicitar a un profesional un estudio arquitectónico que considere estos factores.

Una creencia sostenida por muchos inversionistas es que, al ser un recurso escaso y finito según la ley de la oferta y la demanda, el precio de la tierra solo podría escalar con el paso del tiempo.

Sin embargo, la valoración de un bien raíz es multifactorial, y por tanto conviene
reconocer las principales variables que intervienen en el proceso.

Estas afectan el precio al alza:
- Ubicación
- Baja oferta y alta demanda
- Crecimiento de empleo
- Bajas tasas de interés y acceso a crédito
- Mejoramiento del entorno

Por el contrario, estas lo hacen a la baja:

- Reducción de las factibilidades normativas de construcción
- Condiciones ambientales no favorables
- Altos índices de violencia
- Tráfico y congestionamiento de vialidades
- Contaminación ambiental y de ruido

Según estas consideraciones, al encarar una inversión se debe medir el pulso de los mercados y otras tantas variables con información confiable. Por ejemplo, si los niveles actuales de construcción indican que la oferta superará pronto a la demanda, lo mejor es aliarse con la paciencia y aguardar a que el mercado se ponga a modo para invertir en sus niveles más bajos.

Capacidad de captar recursos
Los proyectos inmobiliarios son muy intensivos en sus requisitos de capital. Dentro del portafolio de habilidades de gestión destaca la capacidad de procurar estos recursos de varias fuentes terceras. Para lograrlo, se debe estructurar con profesionalismo cada caso e integrar las justificaciones de la inversión con sustentos de mercado, estudios económicos y del sitio.

Cada profesional del ramo tiene una perspectiva distinta sobre las prioridades en una inversión inmobiliaria. Si bien hay coincidencias, las diferencias pueden ser considerables.

Un punto fundamental de consenso es la experiencia del equipo de desarrollo, ya que toda ejecución exitosa requiere integrar talento con experiencia y capacidad de respuesta.

Otro asunto de relevancia es entender con claridad la diferencia entre este proyecto y el resto: la fortaleza de sus diferenciadores y la satisfacción de las expectativas de su mercado meta.

Habilidad de diferenciación
Entre las compañías de desarrollo existen similitudes en las formas de actuar en el mercado: en las empresas de especialistas que contratan, en sus modos de construcción y en cómo muestran sus productos. Así, con mayor razón se vuelven urgentes diferenciadores y enfoques de mercado que permitan posicionar mejor los productos.
De este desmarque respecto a los competidores habla el libro *Océano azul*, de W. Chan Kim. En él se mencionan casos de empresas que han creado sus propios mercados en áreas inexploradas, generando oportunidades de crecimiento rentable y sostenido a largo plazo.

Se trata de apartar la competencia destructiva (guerra de precios, desacreditación, copia de productos, etcétera) y dar margen a la innovación para generar nuevos espacios.

Propuesta de valor
Dentro del modelo de negocio se construye una propuesta de valor clara, relacionada con las siguientes aspiraciones:

- Crear valor para los clientes.
- Atraer y servir a la mayor cantidad posible.

- Buscar el match óptimo entre la oferta del proyecto y la demanda de quienes lo buscan como solución.

Así, se vuelve muy importante determinar el perfil del cliente para conocer a detalle sus características, incentivos y razones de compra:

- Sus trabajos o actividades
    + Problemas por resolver
    + Necesidades por satisfacer: funcionales, sociales o emocionales
    + Prioridades: identificar las que les son cruciales y triviales
- Problemas, "dolores" o aspectos negativos que quieren evitar
    + Cualquier molestia antes, durante o después de realizar algún trabajo
    + Costos innecesarios
    + Emociones negativas
    + Riesgos graves o menores
- Los beneficios o aspectos positivos que esperan tener
    + Utilidad funcional
    + Ganancia social
    + Emociones positivas
    + Resultados relevantes

La propuesta de valor convertida en proyecto logra que el cliente evite dolores y obtenga mayores beneficios; sirve de apoyo en sus actividades cotidianas y demuestra los resultados favorables.

Manejo del flujo de efectivo

Una buena gestión del flujo de efectivo produce un fuerte impacto en las medidas de rentabilidad TIR y VPN del proyecto, en las que se ahondará más adelante. En este sentido, se sugiere que los ingresos por ventas o rentas se efectúen por intercambio de efectivo y no solo con algún documento de separación.

También es fundamental mantener una cartera sana (cobranza) y, en la mayoría de los casos, emplear una línea de crédito bancaria para el capital de trabajo, ya que el retorno esperado por los socios suele ser superior a la tasa de retorno solicitada por el banco. El apalancamiento financiero suele tener una implicación positiva en las medidas de rentabilidad.

1.6. Conclusión del capítulo 1

En este apartado se revisaron aspectos generales de un proyecto inmobiliario, una esfera que demanda cada vez más especialización de los actores involucrados: inversionistas, empresas, profesionistas, además de los usuarios finales.

La especialización en las fuentes de financiamiento y movimiento de capital son factores clave que, junto con la aparición de los distintos vehículos de inversión, han empoderado a la industria inmobiliaria.

En el centro de la operación se encuentra el desarrollador: una empresa, equipo de personas o individuo con la meta de conceptualizar, crear y ejecutar un proyecto que desafíe riesgos de planeación, de índole comercial y financiera, de programación, de control de calidad y de resolución de disputas al interior del equipo de trabajo.

Capítulo 2
Factibilidad

Organizador temático

- 2.1 Introducción
- 2.2 Selección del sitio
- 2.3 Leyes, normas y reglamentos
- 2.4 Estudio de mercado
  Análisis del inmueble
  Exploración de la demanda
  Aspectos cuantitativos
  Exploración de la oferta
  Análisis de conclusiones
- 2.5 Modelo de negocio
  Estrategia de venta
  Estrategia de renta
- 2.6 Conceptualización
  Criterios de diseño
- 2.7 Factibilidad financiera
  Análisis financiero básico
- 2.8 Calendario de actividades
  Desglose de actividades
  Calendarización
- 2.9 Conclusión

2.1. Introducción

Generalmente, un proyecto inmobiliario inicia con una visión de la idea o concepto. Asimismo, la atención debe dirigirse al mercado meta y a su zona de influencia, debido a que gran parte del éxito dependerá de la aceptación de los clientes y usuarios finales y, por tanto, de entender claramente sus deseos y necesidades.

Las ideas para un nuevo desarrollo surgen de varias fuentes: referencias, estudios para identificar la vocación de un predio, observaciones en campo, viajes, lugares y reuniones. Es indispensable identificar oportunidades en los cambios de hábito y preferencias de los clientes, las tendencias de trabajo en las diferentes industrias y los avances e impacto que tienen la tecnología y los cambios demográficos de los mercados.

La fase de inicio cubre los estudios necesarios para evaluar un proyecto desde diferentes ángulos y puntos de vista.

2.2 Selección del sitio

Para identificar y seleccionar el predio más apropiado, se revisan los componentes naturales que lo conforman, tales como:

- La topografía y condiciones del subsuelo
- Sus componentes artificiales como infraestructura, vías de acceso y condiciones sensoriales
- Sus elementos contaminantes
- Su situación legal y sus restricciones de desarrollo
- El impacto de todas estas en su valor comercial

En una evaluación se recomienda un plazo de entre 30 y 90 días para realizar los estudios que permitan un conocimiento profundo del predio.

Al seleccionarlo, se requiere entender bien su ubicación y sus alrededores:

- Distancia entre los principales destinos deseados
- Visibilidad
- Nivel de accesibilidad
- Entre otros factores

Es importante considerar su cercanía respecto a destinos como colegios, supermercados, plazas comerciales, lugares de entretenimiento (cines, teatros, restaurantes) y centros religiosos que sean relevantes para los usuarios finales.

Además, conviene repasar las características de seguridad propias de la zona. Para esto es necesario identificar los usos de suelo predominantes y los planes de desarrollo del área, complementando el análisis con la referencia de la carta urbana del municipio aplicable.

Topografía y tipo del suelo

- Movimientos de tierra; cortes u obras de contención excesivas
- Niveles, pendientes o accidentes que dificulten las obras o disminuyan la superficie de desplante
- Suelos inestables, niveles freáticos complicados

Hidrología

- Obras de drenaje muy costosas por la topografía y las descargas pluviales
- Cuerpos de agua expuestos o subterráneos con los que sea difícil o costoso convivir

Suministro de servicios

- Obras de infraestructura muy costosas por lejanía de los servicios (agua, energía, gas, luz, datos...)
- Limitantes impuestas por autoridades

Impacto ambiental

- Zonas de vegetación o fauna protegidas, parques, entre otros

Edificaciones existentes

- Inmuebles nombrados patrimonio o protegidos por dependencias gubernamentales
- Costos excesivos de demolición o transporte de escombros

Al conocer el valor del terreno se debe medir, mediante un análisis simple, el porcentaje (%) que este representa respecto al precio proyectado de ingresos resultantes. Si su precio es mayor que los parámetros deseados de negocio, no es conveniente seguir estudiándolo.

Para negociar con el vendedor de un predio, se sugiere emplear una opción de compra, idealmente sin que represente ninguna inversión. Una opción de compra le otorga al posible adquiriente el derecho a tomarse un tiempo para analizar un acuerdo, ya con condiciones y precios determinados.

Con la entrega de un documento de este tipo al propietario de un terreno, se muestra un interés profesional. Sin embargo, la costumbre es que, si el terreno está a la venta en una zona demandada, se otorga en calidad de depósito una cantidad económica en función de su precio, para dar mayor seriedad a la alternativa de compra mientras se analiza con detenimiento si representa una oportunidad o no.

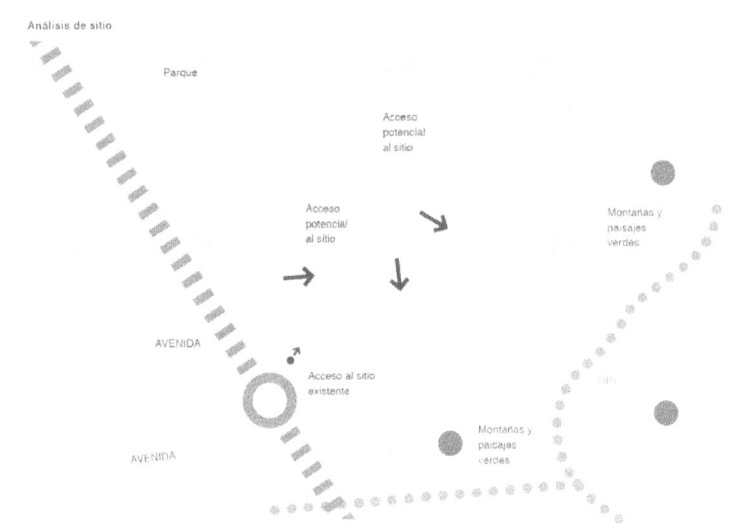

Es común invitar al propietario del terreno a participar como socio inversionista, aportando a la estructura de capital del proyecto el terreno a un valor de común acuerdo. Se recomienda identificar, desde las entrevistas iniciales, si existe un posible interés de asociación y química entre las partes.

Se debe analizar la conveniencia de asociación cuando el terreno sea una copropiedad o pertenezca a un fideicomiso que involucre a varios familiares o socios, ya que el proceso para llegar a una transacción favorable puede ser más complicado.

Un topógrafo calificado debe cerciorarse de que la escritura del Registro Público de la Propiedad y del Comercio del predio corresponda a su levantamiento físico.

Cuando la inversión lo justifique, y para disminuir el riesgo, el comprador puede obtener un seguro de título con una institución acreditada. En México, los notarios públicos y el Registro Público de la Propiedad y del Comercio ofrecen una garantía legal pero no económica en caso de problemas en la operación. Algunos riesgos son documentos nulos bajo poderes vencidos, falsa identidad del dueño legítimo, gravámenes, servidumbres o derechos de paso no registrados, entre otros.

2.3 Leyes, normas y reglamentos

Para el análisis de factibilidad de un proyecto inmobiliario se revisan con cautela las leyes, normas y reglamentos que rigen al predio. Se validan con las autoridades gubernamentales el uso del suelo y los lineamientos de construcción permisibles en términos de la carta urbana: COS, CUS, CAS, densidad (número de viviendas permisibles), alturas permitidas, remetimientos, cajones de estacionamiento por tipo de uso, giros permitidos, áreas de donación, etcétera.

La obtención de un documento oficial de uso de suelo puede tomar algunos meses, así que lo mejor es solicitarlo con mucha anticipación. Es posible avanzar consultando en los planos vigentes de desarrollo urbano la categorización del predio según su uso de suelo. Estos muestran la densidad permitida de viviendas (generalmente se expresa como un número de unidades por hectárea), usos y giros admisibles, lineamientos para cajones de estacionamiento, entre otros. Es fundamental descubrir si el predio está sujeto a algún tipo de alineamiento, afectación o cesión de área municipal, lo cual puede tener un impacto económico en el modelo de negocios.

A continuación, se describen algunos elementos que se han de definir ante las autoridades correspondientes.

Densidad. Número de unidades habitacionales permitido en un predio determinado.

COS. El coeficiente de ocupación del suelo es el porcentaje máximo de área que puede ocupar la construcción respecto al lote de terreno.

CUS. El coeficiente de utilización del suelo señala la cantidad de veces que, según la superficie de cada lote, puede construirse en metros cuadrados totales.

CAS. El coeficiente de absorción del suelo indica el área porcentual mínima de cada lote en que se debe conservar el suelo natural sin pavimentos para la debida absorción pluvial.

Con base en la edificación posible en el predio, se analiza si las unidades permitidas son óptimas para el programa de desarrollo y, en su caso, se define el proceso para solicitar un cambio. En los análisis, y siempre que el uso del suelo lo permita, se han de buscar las alternativas de mezcla de usos que mejor posibiliten la viabilidad y el éxito comercial del proyecto. Es de utilidad reconocer los beneficios que se puedan obtener de programas especiales o de fomento y elaborar los cruces preventivos entre la documentación y los registros del predio, para conocer las recomendaciones que garanticen la salud jurídica y administrativa del inmueble.

Cada permiso o aprobación exige el cumplimiento de ciertas actividades y estudios relevantes. Por mencionar algunos:

- Estudio hidrológico
- Estudio geológico
- Estudio de impacto vial
- Estudio de impacto urbano
- Estudio de análisis de riesgo
- Memorias de cálculo del proyecto estructural
- Estudio de impacto ambiental

En el calendario de trabajo del desarrollo se programan los pasos necesarios para atender los permisos y trámites ante las dependencias correspondientes. Es común delegar esta función a gestores especialistas que asesoran durante todo el proceso.

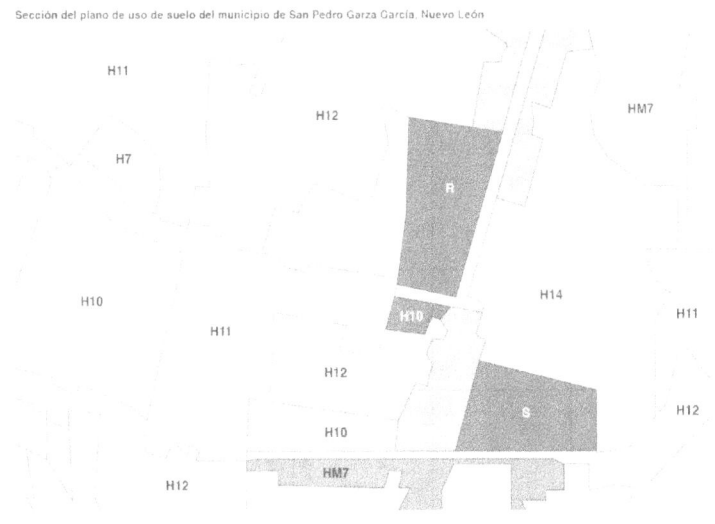

Sección del plano de uso de suelo del municipio de San Pedro Garza García, Nuevo León

2.4 Estudio de mercado

El éxito comercial de los proyectos depende de varios factores como asegurar la venta de sus productos, la velocidad en la que estos se desplazan y los indicadores de rentabilidad. En consecuencia, un proyecto debidamente orientado a satisfacer las necesidades del mercado logra lo siguiente:

- Colocar bien sus productos, ya que ofrece lo que el mercado demanda.
- Una venta acelerada de sus productos, porque son bien comunicados (publicidad, relaciones públicas) y distribuidos (esfuerzo de ventas, financiamiento).
- Un éxito económico, pues ofrece al cliente justo lo que busca: sin atributos de más (amenidades innecesarias o subvaloradas, publicidad inefectiva, acabados excesivos) o de menos (productos poco atractivos, expectativas insatisfechas, etcétera).

A veces, la percepción del cliente sobre sus propias necesidades difiere de lo que el desarrollador cree o asume de ellas.

Un estudio de mercado analiza la demografía, economía y tendencias del sitio. Se examina el producto y se concluye con la situación que este guarda en la zona de impacto comercial para cada giro posible (comercial, habitacional, etcétera).

Para ello se identifican las características que definen al mercado inmobiliario de la plaza y se realizan los levantamientos pertinentes para su dimensionamiento; se estudian las estrategias de segmentación y posicionamiento de los proyectos comparables y se trazan además los corredores que resulten relevantes, con el fin de lograr una detallada caracterización de estos y un consecuente cruce estadístico con las variables de la plaza.

- Determinación de la zona de impacto comercial, con información demográfica de la ciudad y la zona primaria de influencia del Proyecto Ubicación y características de los corredores relevantes para el sitio Ubicación de vocaciones naturales y tendencias
- Resultados de investigación cualitativa
- Caracterización de la oferta relevante, con un análisis exhaustivo de productos competidores: sus precios (valores por metro cuadrado), condiciones de venta, tendencias de diseño, nivel de equipamiento y amenidades, dimensiones de áreas comunes y privadas, y la relación de cajones de estacionamiento como referencia a las áreas vendibles o rentables

- Caracterización de la demanda
- Entendimiento estratégico del mercado y conclusiones

Análisis del inmueble

Cualquier esfuerzo de estudio o investigación de mercados requiere definir la zona de influencia como primaria, secundaria o terciaria. Un excelente estudio de mercado puede resultar inútil si se elige mal. Esta zona o zonas de influencia pueden ser un área geográfica o una muestra específica de proyectos seleccionados bajo ciertos criterios.

Normalmente, la zona de influencia primaria es aquella que agrupa los desarrollos o productos sustitutos que compiten directamente con el proyecto; la secundaria es en la que compiten indirectamente, y la terciaria es la que se elige con fines comparativos o de referencia. Se debe procurar que las zonas de influencia comparen casos de soluciones similares a las ofrecidas por los productos del proyecto.

Es de gran valía documentar la experiencia de otros casos similares e involucrar a un equipo multidisciplinario con conocimiento del mercado para integrar sus opiniones. Uno de los objetivos fundamentales de estudiar el mercado es identificar aquellos atributos clave que diferenciarán el proyecto de otros ofertados.

El análisis de la ubicación del predio en estudio inicia determinando sus colindancias y los usos predominantes en la zona. Se examinan además los corredores relevantes y vías de acceso, y se clasifican como corredores de alto, mediano o bajo impacto. Asimismo, se miden las distancias aproximadas a los principales puntos de interés tales como centros comerciales, deportivos, sociales, de trabajo y aeropuertos.

A todo esto se añade la consideración de que el sitio siempre se sujeta a un reglamento municipal y a un plan de desarrollo o de crecimiento ordenado de zonas habitables y su uso específico.

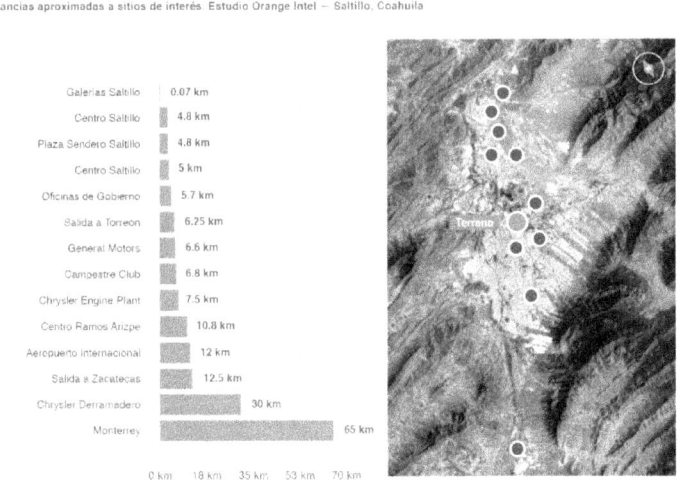

Distancias aproximadas a sitios de interés. Estudio Orange Intel – Saltillo, Coahuila

Exploración de la demanda

Una manera simple de estimar la demanda de espacios en cierta zona es conocer las tendencias en el empleo. Este factor influye directamente en la demanda de oficinas, hoteles, comercio y entretenimiento, además de impulsar la de vivienda. Es imprescindible saber cuáles son los generadores económicos y las inversiones planeadas en la localidad.

Aspectos cuantitativos

Un aspecto cuantitativo por considerar es la definición del mercado potencial según su nivel socioeconómico, que incluye la composición de sus ingresos como familia. Otro dato de relevancia es el comportamiento por rango de edades de población total y tasas de crecimiento.

Análisis demográfico y económico de la plaza

Entre las variables de estudio para conocer y proyectar mejor la demanda de un desarrollo inmobiliario se encuentran:

- Población y tasas de crecimiento, en comparación con el estado, país, etcétera

- Población en su estructura de edades, porcentaje de hombres vs. mujeres
- Población económicamente activa (PEA) y su nivel de ingresos
- Número de PEA por género de empleo
- Ingresos por familia y por zona
- Mapa de ingresos por familia en la zona
- Producto por nivel de precios
- Tendencias de producto por zona geográfica
- Situación actual en términos de dimensionamiento

Con base en la proyección de empleos formales se identifica la demanda en espacios de los distintos productos. Para lograr proyecciones acertadas, es conveniente analizar la demanda histórica por cada componente y su nivel de precios, así como las tendencias económicas de la zona y las industrias que pudiesen fomentar cambios en las tasas de crecimiento.

Las entrevistas a especialistas del sector son una herramienta simple para obtener información del mercado. Estas son algunas consideraciones para optimizar su ejecución:

- Elegir a los entrevistados con base en perfiles precisos y llegar a una muestra representativa

según los estándares estadísticos.
- Diseñar un guion y capacitar a los entrevistadores para evitar sesgos en la comunicación y asegurar su comprensión del cuestionario.
- Manejar correctamente los tiempos y la participación activa y profunda de los participantes en las sesiones.
- Preferir esquemas como el *face to face* x 2, en el que un experto responda a preguntas de un entrevistador, con el apoyo de un segundo que documenta la sesión e interviene en ciertas situaciones en su transcurso.

Exploración de la oferta

En cuanto a los estudios de la oferta en las zonas de influencia, se deben identificar los casos que compiten directa e indirectamente con el proyecto en análisis. Si existen productos sustitutos, es necesario conocer el mercado que captan y cómo se relaciona con el mercado meta del proyecto.

En la medida de lo posible, se ha de considerar también el tamaño del mercado de cada componente por estudiar: el número de viviendas en su totalidad y por cada segmento, así como la superficie comercial, de oficinas, de habitaciones de hotel, entre otros datos que ayudarán a proyectar su crecimiento; también conocer, para cada mercado, el ritmo de absorción en términos de unidades por mes o, en su defecto, superficie por mes.

Para caracterizar la oferta del mercado, se estudia cuidadosamente cada una de las siguientes variables:

- Dimensionamiento. Levantamiento acertado de proyectos y unidades en las diferentes zonas de influencia.
- Clasificación del producto existente según sus valores de venta o renta, así como por tipo de producto.
- Zonificación en mapa de los proyectos actuales por su tipo.
- Levantamiento de variables relevantes: promotor, área, tamaño, amenidades, etcétera.
- Fichas informativas por desarrollo.

Una vez logrado el levantamiento de las variables principales de un mercado, se hacen cruces estadísticos para obtener información valiosa. Estos son algunos cruces de variables útiles:

- Precio total vs. área vendible
- Precio por m2 vs. área vendible
- Niveles de absorción vs. área vendible
- Unidades en inventario vs. precio total
- Éxito comercial (absorción/unidades totales) vs. absorción mensual por desarrollo
- Unidades en inventario, traducido en meses
- Precio vs. nivel de amenidades y acabados
- Absorción vs. planes de financiamiento flexibles

Para proyectos en renta, es preciso identificar los valores máximos y mínimos, las tasas de ocupación y la oferta, según los diferentes corredores comerciales.

Sesiones de grupo (*focus groups*)

Una sesión de grupo ayuda a conseguir un mejor análisis de las conclusiones.

En un lugar acondicionado (cámara *Gessell*), una sesión se realiza con un promedio de ocho participantes (mínimo seis, máximo diez). El moderador dirige la dinámica y revisa el lenguaje verbal y no verbal, además de grabarla en audio y video para futuras consultas. Parte de la etiqueta es premiar a los participantes en agradecimiento por su tiempo y atención.

Para evaluar aspectos sensibles del diseño del producto, se recomienda sondear los siguientes puntos entre los participantes:

Competencia. Su percepción y el posicionamiento de los inmuebles en estudio localizados en la zona de influencia primaria del proyecto; su preferencia respecto a la ubicación y la cantidad de pisos; características más apreciadas (diseño, vistas, etcétera); cantidad de unidades en un edificio; amenidades y servicios especiales; percepción del tamaño de una unidad; equipamiento (número de habitaciones, etcétera); estacionamiento (número, tamaño, precio, ubicación, etcétera).

Usuarios meta. Identificar su proceso de decisión de compra que incluya mecánica de búsqueda (medios, recomendaciones, etcétera); valores en la selección (casa, departamento, etcétera), ventajas y desventajas de alternativas de compra; rango de precios y sus razones; formas de pago ideales; ubicaciones deseadas y sus motivos; servicios preferidos y sus características.

Proyecto. Las características que cubran sus expectativas con base en lo siguiente: número de niveles, de unidades y cajones de estacionamiento; mezcla de componentes; ubicación y accesibilidad; características de las unidades; áreas comunes, servicios y amenidades; rango de precios y formas de pago; cuota de mantenimiento adecuada.

Unidad. Las características que cubran sus expectativas con base en lo siguiente: piso ideal; en el caso de departamentos, por ejemplo, sondear número de habitaciones y baños, disponibilidad y características de balcón, nivel de equipamiento, etcétera.; cantidad de cajones de estacionamiento; promoción; metros cuadrados ideales de superficie; características generales.

Comportamiento humano. Edad, decisión de compra, salario, porcentaje destinado al ahorro, créditos hipotecarios con sus respectivos plazos, tasas y niveles de ingreso y pago.

Análisis de conclusiones

Tras los esfuerzos por entender el predio seleccionado, la reglamentación aplicable y la oferta y la demanda, llegan muchas conclusiones que ahora deben observarse de forma objetiva y exhaustiva. Es decir, es tan necesario considerar todas las conclusiones como valorar cada una en su justa medida.

Las dos herramientas más utilizadas para esta valoración son la clasificación por certidumbre y el ya muy utilizado análisis FODA, desarrollado en la Universidad de Stanford en los años setenta.

Toda conclusión difiere en su grado de asertividad y es comprobable hasta cierto punto. Con base en este supuesto, es sencillo que cada una reciba un peso (o un grado de consideración) de forma cualitativa, dependiendo de qué tan comprobable es.

Al término de la clasificación por certidumbre, se inicia un análisis FODA con las conclusiones, de tal forma que cada una se traduzca en oportunidades o amenazas de desarrollo para el predio. Luego, hay que definir cómo el terreno, por sus características, puede o no aprovechar dichas oportunidades (sus fortalezas) y qué tan susceptible es o no a ser afectado por dichas amenazas (sus debilidades).

2.5 Modelo de negocio

Ya terminada la investigación de mercado, lo siguiente es arribar a la estrategia del producto en función del perfil de los inversionistas y el destino final de las inversiones. Este análisis finalmente lleva a uno de los dos caminos típicos de emprendimiento inmobiliario: uno de rápida recuperación (venta) u otro de estrategia patrimonial (renta).

Estrategia de venta

Un proyecto en venta conlleva un mayor apalancamiento durante la fase de construcción. Para hacerlo rentable, se solicita un préstamo con dos objetivos: que la deuda se adquiera tras la fase de planeación y que esta cubra una buena parte de la inversión.

La institución bancaria exige ciertos requisitos de validación como el nivel de preventa del proyecto en el mercado, que en algunos casos llega hasta un 30 por ciento. En condiciones normales, la deuda se recupera en plazos de entre tres y cinco años, dependiendo del número de unidades por colocar y la velocidad de las escrituraciones.

El financiamiento de un proyecto con estrategia de venta simple sucede de la siguiente manera:

- **Preplaneación y factibilidad:** el desarrollador arriesga sus recursos para buscar la viabilidad del negocio.
- **Planeación y diseño:** los socios inyectan el capital para culminar el plan de proyecto, que incluye el diseño definitivo de los productos y los permisos correspondientes. Las premisas de ingresos y costos adquieren más certeza conforme la definición del proyecto avanza y, además, se suele iniciar con la etapa de preventas.
- **Construcción:** se obtienen recursos mediante un crédito bancario puente, financiamiento de mediano plazo dirigido a desarrolladores para la construcción de inmuebles y que generalmente cubre el monto del presupuesto de costos directos del proyecto. Estos créditos suelen ofrecer mejores condiciones de tasa de interés que las deseadas por los socios, aunque con mayor exigencia de garantías.
- **Distribuciones:** la suma del capital que proviene de los bancos y los inversionistas se liquida con los pagos y finiquitos de los clientes al momento de escriturar. En la repartición, se suele pagar al banco antes que a los socios o en una proporción preestablecida.

Estrategia de renta

Como desconocemos el apetito de los inquilinos hasta que el proyecto se aproxime a su conclusión, el financiamiento en la etapa de desarrollo suele ser menor y el requerimiento de capital de los socios, mayor, ya que las fuentes de repago serán los propios ingresos del arrendamiento y no las ventas.

Con estas salvedades, el origen del financiamiento bancario es similar al de otras estrategias. Suele provenir de dos tipos de fuentes:

- Un crédito puente para culminar la obra, con condiciones menos favorables que una vez concluido el proyecto (mayor riesgo).
- Una vez en operación, un crédito permanente, que se adecúa mejor al nivel
de flujos que se reciben en la etapa de operación del inmueble y que suele ser de mayor plazo y en mejores términos, ya que el riesgo de construcción se ha eliminado.

Estos créditos tienden a tener diferentes condiciones en nivel de tasas y comisiones, dados sus riesgos, fines y tiempos de repago.

2.6 Conceptualización

Realizar un proyecto conceptual es, fundamentalmente, una tarea de equipo. El concepto o idea detrás del desarrollo debe apegarse al modelo de negocio y, sobre todo, a las condiciones del mercado detectadas en los estudios de la oferta y la demanda y de vocación del inmueble.

Se selecciona al arquitecto responsable con base en su experiencia y respuesta al estilo que demande el mercado, además de otros factores obtenidos al realizar un análisis o concurso de diseño conceptual. Asimismo, se contrata al despacho de diseño más apto según los objetivos de posicionamiento y rentabilidad deseados.

El diseño conceptual incluye, entre otros, imágenes virtuales de diferentes ángulos, tratamiento de áreas interiores, áreas comunes y públicas, áreas de servicios y materiales propuestos.

En la etapa de diseño conceptual es recomendable realizar entrevistas o, en su caso, visitas al grupo selecto de firmas de arquitectos, para revisar factores relevantes como estilo, carga de trabajo actual e interés en el proyecto. Por tal motivo, al realizar un concurso de diseño conceptual con arquitectos, se establece una fecha de entrega, programa y alcance claro, así como una presentación formal del trabajo. Un formato muy utilizado es el *request for proposal* (RFP), en el que se especifican a la firma de diseño aquellos puntos críticos para comparar de forma objetiva a los diferentes participantes.

HighPark. Orange Investments. Monterrey, NL.

Se deben considerar únicamente despachos calificados, con el respaldo económico y experiencia en proyectos similares, por lo que se vuelve esencial solicitar recomendaciones y buscar entrevistas con ellos, de preferencia en su lugar de trabajo.

Los siguientes son elementos clave en el proceso y el documento de un RFP:

- **Introducción** que indique de forma general quiénes son las partes que están invitando al proyecto.

- **Descripción que explique la definición y los objetivos** pretendidos con el diseño del proyecto en términos de factores de posicionamiento y solución de mercado. Es importante incluir el programa de áreas e información básica del mercado meta, intenciones de diseño, etcétera.
- **Responsabilidades del consultor** que especifiquen claramente el alcance esperado de trabajo.
- **Calendario cronológico** que declare la fecha de entrega esperada.
- **Administración y organización** a fin de conocer más sobre la organización y el equipo asignado al diseño del proyecto.
- **Estructura de honorarios** que aborde la estructura de cobro del proyecto.
- **Proceso del RFP** con las políticas de fecha, lugar y entregables.

Acto seguido a su selección, se le expone al arquitecto la visión sobre el desarrollo y se participa activamente en la definición del concepto de proyecto en equipo, con base en experiencias previas, conclusiones de los estudios de mercado y la normatividad vigente aplicable.

La intención es asesorar al arquitecto en términos efectivos de costo para que ejecute su diseño. El concepto debe contemplar elementos como estilo deseado, tipo y número de unidades, tamaños (m2) y alturas, amenidades (*amenities*), nivel de equipamiento, distribuciones, número de cajones de estacionamiento y áreas comunes.

- **Asistir al desarrollador** para afinar el programa de diseño y la definición de los requerimientos de los usuarios finales.
- **Definir el carácter e imagen del proyecto** en apego a los objetivos de calidad, diseño y presupuesto.
- Auxiliar en la definición de **materiales y sistemas constructivos** en función del programa y presupuesto.
- Colaborar con el equipo en asuntos relativos a la **estética y soluciones de diseño.**
- Desarrollar los planos de **detalle, construcción y especificaciones.**

Criterios de diseño

El diseño y las eficiencias esperadas del proyecto conceptual se revisan constantemente. Para mantener el control, la mejor práctica es asegurarse de que el arquitecto no anteponga sus ideales a los del plan de proyecto y solicitarle que presente los cuadros de áreas, volúmenes y materiales propuestos que servirán como variables inputs, para realizar un presupuesto paramétrico (estimado de costo).

Áreas clave por presentar dentro del concepto:

- **Áreas de construcción y áreas vendibles,** cuidando su proporción en todo momento. Se aspira a tener más espacios vendibles en comparación con las superficies de construcción. De esta manera, se consigue una optimización física y financiera.
- **Áreas de circulaciones y de servicios** (cuartos de máquinas, escaleras, etcétera), en busca de una operación eficiente: muy importante apegarse a estándares de funcionamiento según los parámetros de uso del proyecto y componentes, sin dejar espacios muertos o sin razón de ser.
- **Áreas comunes:** cubiertas y descubiertas, terrazas y patios en sintonía con las necesidades de los clientes, pues estos elementos suelen generar los principales diferenciadores de éxito y ser el foco de atención en la decisión de compra.
- **Áreas exteriores y de esparcimiento:** similarmente, siempre será cómodo para los clientes tener más espacio exterior para realizar sus actividades.
- **Estacionamiento:** la llegada de autos compartidos, vehículos autónomos y servicios rápidos de entrega se traduce en un cambio de hábitos del consumidor y, por tanto, en un rediseño de los espacios de estacionamiento. Al ser estos muy costosos, se procuran solo los necesarios, cuidando la relación entre espacios cubiertos y descubiertos, espacios en sótano o en

estructuras sobre el suelo, ancho de cajones, calles de circulación, rampas, alturas de entrepisos, etcétera.

Es común que en la etapa de diseño conceptual se omitan áreas valiosas que han de contabilizarse para fines de estudios económicos, tales como áreas de servicio, cuartos de mantenimiento y equipos, bodegas, circulaciones y elevadores, por lo que se debe asegurar que se incluyan y se estime su tamaño adecuadamente.

Recomendaciones de diseño
- Cuidar las vistas panorámicas de cada espacio.
- Observar la orientación del edificio respecto a la posición del sol.
- Verificar aspectos de iluminación (entradas de luz) y ventilación natural.
- Buscar siempre un entorno ecológico y verde. Se sugiere emplear azoteas verdes, plazas y banquetas arboladas.
- Verificar la posición de la estructura (columnas) respecto a los espacios de estacionamiento y áreas interiores.
- Concentrar los ductos e instalaciones tanto como sea posible para optimizar sus trayectorias y mantenimiento.
- Procurar la paz y tranquilidad de los usuarios en todo momento.
- Revisar dimensiones de cajones de estacionamiento. Las medidas mínimas sugeridas son de 2.7 metros de ancho por 5.5 metros de largo.

- Verificar ancho de calle de circulación por dos vías: se recomiendan 6.5 a 7 metros de ancho, según diseño y producto.
- Cerciorarse de que la pendiente en rampas no sea mayor al 15 por ciento.
- Verificar eficiencias en la superficie de construcción que ocupan los cajones de estacionamiento. La regla general es de un cajón por cada 30 metros cuadrados de superficie de construcción del área de estacionamiento.
- Alturas en departamentos no menores a 2.7 metros del piso al plafón.
- Altura libre en oficinas no menor a 3 metros del piso al plafón.
- Según cada mercado, evitar grandes terrazas en departamentos, pues son costosas y no siempre valoradas, principalmente en zonas urbanas.
- Cuidar el peso de la estructura del inmueble: no debe sobrepasar los estándares de peso y costo por metro cuadrado.
- Razón de eficiencia en áreas comunes versus área vendible total. Recomendaciones:
  + **Oficinas:** 10%-15%
  + **Departamentos:** 15%-25%
  + **Comercio (abierto):** 10%-20%
  + **Hotel:** razón menor a 1:1 veces el área común, incluyendo el *back of house* versus área de habitaciones.
- Es muy importante revisar los estándares de diseño para cada tipo de producto según el plan de proyecto y las normas internacionales.

2.7 Factibilidad financiera

Con un estudio de factibilidad financiera se corrobora si un proyecto cumple con los requerimientos de rentabilidad deseados, antes de invertir más recursos humanos y económicos en él.

Los resultados de un estudio económico básico generalmente se definen en ciertos indicadores de carácter financiero, tales como los márgenes de ganancia medidos a manera de porcentaje de los ingresos (*profit-margin*) y de los costos (*cost-margin*), así como el retorno en el capital (ROE) y el activo (ROA). Dicho análisis es un filtro para elucidar si es sensato continuar la inversión de tiempo y dinero en un proyecto prospecto. En tal caso, no considera el flujo de efectivo, que mide los ingresos y los egresos en el tiempo; estos se abordarán en el capítulo 3.

En este estudio también se involucra a un experto en costos —una constructora, una gerencia de obra o un contratista general— que apoye, con base en su experiencia en desarrollos similares, a elaborar un estimado del costo y un programa de inversión del proyecto. Reuniendo la asesoría del grupo de trabajo, se revisa continuamente que el estimado cumpla con todos los elementos pertinentes (que no existan omisiones) y, al mismo tiempo, se buscan las mayores eficiencias según las experiencias cruzadas. Asimismo, se han de obtener los criterios para los diferentes sistemas constructivos, ingenierías y demás estudios necesarios.

Al elaborar la hoja de trabajo para el análisis financiero básico, se agrupan los supuestos de valor según las siguientes cuatro clasificaciones:

Costos de terreno (*site costs*). Gastos relacionados con la adquisición del predio, incluidos los estudios de título, impuestos sobre la adquisición, honorarios de la notaría, registro, entre otros. El costo del terreno depende de las valoraciones de su ubicación, frente y contexto urbano.

Costos directos (*hard costs*). Materiales, mano de obra y equipo para la construcción directa del proyecto. Se clasifican según su tipo de componente: oficinas, departamentos, estacionamientos, además de lo relativo a las áreas comunes, amenidades y equipamiento.

Costos indirectos (*soft costs*). Estos costos son adicionales a los directos y se clasifican de esta manera:

- Arquitectura: proyecto, dirección durante la construcción, paisaje e interiores.
- Ingenierías: aire acondicionado, hidrosanitaria, eléctrica estructural, sistema contra incendio, iluminación, fachadas, sustentabilidad, entre otras especialidades.
- Estudios preliminares: topografía, mecánica de suelos, estudio hidrológico, estudio de impacto vial, etcétera.

- Gestoría y permisos: honorarios del gestor, permiso de construcción, licencia de uso del suelo, régimen de condominio.
- Aportaciones de servicios: servicios públicos requeridos por el proyecto, como agua, telefonía, energía y gas.
- Promoción inmobiliaria: material de apoyo a la estrategia de mercadotecnia, incluyendo publicidad, prensa, medios, entre otros.
- Caseta de ventas y unidad muestra (*showroom*): mantenimiento y construcción de un salón para coordinar las ventas del proyecto.
- Honorarios de desarrollo: pagos para al equipo encargado de la coordinación general del proyecto.
- Gerencia de construcción: honorarios relacionados con la administración de la construcción.

Gastos financieros. Costos de préstamos bancarios, clasificados como costo de apertura de crédito y monto de intereses.

Para este ejercicio se debe considerar un grado de contingencia en los valores y actualizar precios y costos recientes. Además, en las clasificaciones de costos directos e indirectos se recomienda agregar un renglón para imprevistos de al menos un 10 por ciento para una etapa preliminar.

Análisis financiero básico

El desarrollo de este análisis inicia alimentando una hoja de trabajo con la información básica del predio y los lineamientos de construcción y normatividad oficial. Esto sirve como métrica para comparar las dimensiones del proyecto con las permitidas por las autoridades.

Después, se vacía toda la información referente a las áreas de los diferentes espacios que integran el proyecto. Para esto se busca un balance eficiente en el porcentaje de circulaciones y de áreas comunes, según el tipo de componente y el mercado meta.

La eficiencia en el estacionamiento se mide como su superficie total dividida entre el número de cajones, a fin de extraer el área por cajón evitando espacios muertos. Asimismo, se clasifica el estacionamiento en subterráneo y sobre rasante, ya que el costo de edificar cada uno es muy distinto.

Como siguientes pasos, y utilizando información de costos paramétricos, se llenan los campos de costos en las diferentes secciones que, multiplicados por las áreas correspondientes, arrojan los costos totales del proyecto.

Una práctica común es calcular los gastos indirectos como un porcentaje del valor de los costos directos. Vale la pena consultar esto con los especialistas.

Por último, se agrega el precio por metro cuadrado de cada componente y el porcentaje de comisión de ventas que se pagaría por la colocación de los espacios. Así, se puede llegar a las métricas de rentabilidad como la UAFIRDA (utilidad antes de financiamiento, impuesto sobre la renta, depreciación y amortizaciones) y los márgenes sobre ventas y sobre el costo del proyecto. Otro indicador relevante por calcular con dicha información es el retorno sobre capital o *return on equity* (ROE). Entre mayor sea el margen del proyecto, mejor se asume un riesgo de sobrecostos como lo pueden implicar los costos directos o gastos financieros.

Retorno sobre capital (ROE)
El retorno sobre capital se obtiene al dividir la utilidad del proyecto entre el monto de capital que aporta el inversionista (sin considerar ningún tipo de préstamo).

Retorno sobre inversión (ROI)
El ROI difiere del retorno sobre capital, porque considera todas las fuentes de financiamiento o inversión total en el denominador.

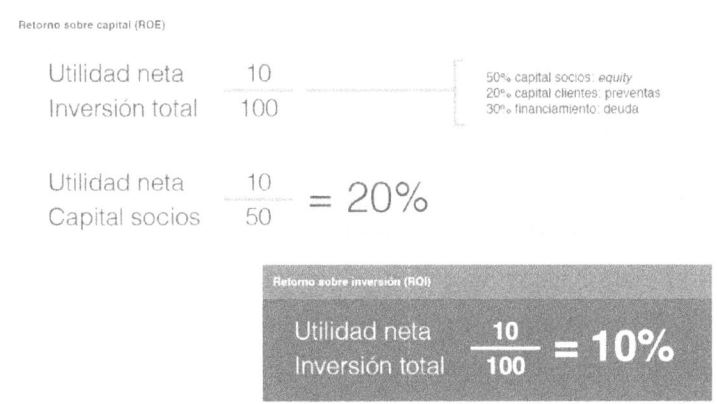

Para que el proyecto sea atractivo, sus porcentajes de rentabilidad y riesgo deben ser superiores a los de inversiones similares.

Si las cosas salen bien, es muy probable que una inversión inmobiliaria provea un flujo de ingresos futuros. Una porción de ellos representa el retorno del capital aportado por el inversionista. Cualquier exceso es el retorno en su inversión. Pudiera ser que este excedente se registre hasta el final del proyecto.

Una variable esperada por muchos inversionistas es la apreciación de valor, también conocida como plusvalía, que se consuma con la venta de la propiedad tras un buen retorno. Esto sucede en un mercado con inflación acelerada.

En resumen, para juzgar un retorno en una inversión es indispensable considerar el ciclo completo, desde su adquisición hasta sus flujos, tiempo y reventa.

2.8 Calendario de actividades

Desglose de actividades

El proceso para definir un programa de actividades inicia con la elaboración de un *work breakdown structure* (WBS). Un WBS es una expresión simple y organizada del trabajo requerido para completar un proyecto.

Una de las muchas formas de hacerlo es ordenando sus fases según la secuencia en el tiempo —factibilidad, planeación, operación, cierre y postcierre— y mostrando cada una como un elemento de nivel más alto. Asimismo, estas se pueden organizar en subfases acordes a sus categorías.

Calendarización

El programa o calendario de actividades hace explícita la ruta crítica, es decir, aquellas actividades que, si sufriesen un impacto positivo o negativo, afectan la duración total del proyecto.

Ya concluido el WBS, se desglosa el estimado por actividad en días, semanas o inclusive meses y se indica en una columna destinada al tiempo (duración). De lograrse con un formato simple y ordenado, este calendario es una herramienta clave para dar seguimiento puntual al proyecto durante su ejecución. Cuando sea necesario alargar alguna etapa, se pueden hacer calendarios entrelazados. Para indicar la duración de cada actividad se utilizan colores o sombras en las columnas de tiempos.

A continuación, se muestra un ejemplo de un programa para la fase de factibilidad de un proyecto:

Programa para la fase de factibilidad de un proyecto

Mes	Duración	Inicio	Fin	Agosto			
Semana	(Días)			1	2	3	4
1. Administración de proyectos	150						
1.1 Elaboración de WBS	30	03-Ago	11-Sep	●	●	●	●
1.2 Elaboración de master plan	15	24-Ago	11-Sep				●
1.3 Plan de proyecto	80	24-Ago	11-Dic				●
2. Modelo de negocio y estrategia financiera	150						
2.1 Elaboración del presupuesto fase de planeación	70	03-Ago	11-Sep	●	●	●	●
2.2 Elaboración del modelo de negocio	80	24-Ago	11-Dic				●
3. Diseño e Ingenierías	130						
3.1 Preselección de arquitectos para concurso	10	03-Ago	14-Ago	●	●		
3.2 Concurso arquitectónico conceptual	10	17-Ago	28-Ago			●	●
3.3 Diseño arquitectónico conceptual	30	7-Sep	15-Oct				
3.4 Diseño arquitectónico esquemático básico	40	19-Oct	14-Dic				
3.5 Diseño de ingenierías MEP	20	26-Oct	14-Dic				
3.6 Diseño de ingeniería estructural	20	26-Oct	14-Dic				
4. Estudios iniciales, permisos de construcción	160						
4.1 Cruces y preliminares	30	03-Ago	11-Sep		●	●	●
4.2 Mecánica de suelos	15	24-Ago	11-Sep				
4.3 Estudio hidrológico	80	24-Ago	11-Dic				

2.9 Conclusión del capítulo 2

La factibilidad evalúa la conveniencia de emprender un proyecto inmobiliario. Si luego de asumir una serie de análisis previos del sitio, mercado, financieros y de diseño, se vislumbra una alta probabilidad de éxito, se procede entonces a la etapa de planeación (capítulo 3). En caso contrario, se analiza si tiene sentido profundizar en alguno de estos estudios o si se descarta por completo.

Es usual que, al término de un análisis de factibilidad, se reúna un documento —llamado plan de proyecto— que resume las conclusiones de los estudios realizados. Se recomienda agregar información del equipo de desarrollo y un sumario de las condiciones de la inversión, con el propósito de utilizarse para capitalizar la continuidad del proyecto.

Capítulo 3
Planeación

Organizador temático

- **3.1** Introducción
- **3.2** Administración profesional de proyectos
  - Tiempo
  - Costo
  - Calidad
  - Recursos humanos
  - Riesgos
  - Abastecimientos
  - Indicadores clave
- **3.3** Diseño arquitectónico e ingenierías
- **3.4** Trámites y estudios
- **3.5** Identidad corporativa
- **3.6** Plan comercial
  - Sistema de ventas
  - Experiencia de compra
  - Administración del cliente
  - Estrategias de comunicación
- **3.7** Análisis financiero
  - Valor presente neto (VPN)
  - Tasa interna de retorno (TIR)
  - Capitalización del ingreso
  - Elaboración de un modelo financiero
  - Análisis de sensibilidad
- **3.8** Plan de inversión
- **3.9** Conclusión

3.1 Introducción

En la fase de planeación se producen aquellos documentos y análisis necesarios para integrar un plan de proyecto final. El plan, como ente regulador, muestra los indicadores de rentabilidad esperados, la estructura óptima de financiamiento, el ritmo de ventas previsto, los esquemas de pago para los clientes, los costos del proyecto y el programa de inversión, entre otros.

Con el apoyo de un método de administración profesional de proyectos, en esta fase se coordinan las actividades propias de la etapa de diseño y planeación para, primeramente, identificar las áreas de oportunidad y ahorro que conducirán a una inversión más segura y rentable. Se recomienda enfocarse en la optimización del funcionamiento y operación del inmueble durante la fase de planeación.

3.2 Administración profesional de proyectos

Para lograr los objetivos de un emprendimiento inmobiliario es indispensable administrarlo profesionalmente. Hoy ya muchas empresas prestan servicios de administración de proyectos, sobre todo durante la fase de construcción (*construction management*). Es deseable implementar, desde la fase de planeación, un método práctico y confiable. Los objetivos de un desarrollo se suelen expresar con criterios como los estándares de calidad de entrega esperada, tiempo de ejecución y costos reales. El equipo de gestión debe alinear sus tareas a la obtención de estos.

Una administración profesional de proyectos cubre todas las fases, desde la concepción y planeación hasta la ejecución, control y cierre; emplea herramientas de control tales como el apego a un presupuesto base y programa de obra. Se recomienda que los documentos generados durante el desarrollo se encuentren en un repositorio central al alcance de los principales involucrados y con las medidas de seguridad suficientes para garantizar su privacidad y confidencialidad. Aplicaciones como Google Drive, Dropbox y Basecamp almacenan y brindan acceso a la información (planos, minutas, *milestones*) más reciente del proyecto.

La gestión profesional arranca con un documento llamado *charter,* que define la justificación y objetivo del proyecto en estos términos:

- Propósito general
- Descripción general y ubicación
- Componentes y áreas
- Miembros internos del equipo y participantes externos
- Resumen de indicadores financieros proforma
- Resumen de la estrategia comercial
- Diseño conceptual
- Supuestos y restricciones
- Expectativas del comité directivo

Al producto final se llega con la culminación de una serie de subproductos o entregables, para los cuales se deben fijar, en acuerdo con cada uno de sus responsables, criterios de aceptación medibles, específicos, realistas y con un tiempo definido. Esto se conoce como documento de alcances.

Posteriormente, se elabora un programa de requerimientos —validado por el equipo clave y el comité directivo, y aprobado después por los socios, el desarrollador y la gerencia de proyectos— con un gran énfasis en los criterios de diseño del proyecto. Aquí se identifican detalladamente las necesidades de los desarrolladores e involucrados con relación a cada espacio y componente; por ejemplo, las características físicas esperadas de las áreas, los sistemas y equipos por instalarse, los componentes de infraestructura, una descripción de la operación del inmueble, la relación de los espacios exteriores e interiores, entre otros factores relevantes.

Descripción. Número de cajones asignados a cada componente:
- Departamentos: 500
- Oficinas: 1000
- Comercio: 400

Criterio de aceptación.
- Los cajones tienen un mínimo de 2.7 metros de ancho por 5.5 metros de largo.
- La eficiencia debe ser de un cajón por cada 30 metros cuadrados de construcción total.
- Debe tener un sistema de control de acceso con tarjetas de proximidad.
- El ancho de circulación debe ser de 6 metros como mínimo.

Plasmar las expectativas de todos los involucrados clave en el documento de programa de requerimientos simplifica la comunicación, planeación y el cumplimiento del proyecto. Si hubiese alteraciones durante el desarrollo, además de actualizar el documento de alcance previamente definido, se deben registrar en un sistema de control de cambios. Este último se liga con el resto de los procesos de control (tiempo, costo y calidad) y se establece un mecanismo formal que facilite la actualización de los documentos oficiales.

Se recomienda que, al concluir cada fase relevante, se revise el trabajo y los resultados para asegurar su cumplimiento según el alcance definido. El desarrollador y socio inversionista firman un acta formal de aceptación del *charter*, alcance y programa de requerimientos.

Tiempo

Otra herramienta clave para el control de la ejecución es el programa de actividades, que incluye como primer paso la elaboración de una estructura de trabajo, conocido como *work breakdown structure* (WBS, capítulo 2).

Administración del tiempo

El programa del proyecto se acuerda con todos los involucrados, según la identificación de las actividades específicas para cada disciplina; de esa manera deben lograr los objetivos planteados. Una vez enlistadas las tareas según la estructura convenida en el WBS, se especifica la secuencia de las mismas por medio de las interacciones y dependencias entre sí. Las actividades se definen con precisión para lograr un programa apegado a la realidad, y se estima y asigna un tiempo para completar cada una, siempre con el acuerdo del especialista al que atañe.

Finalmente, se genera el desarrollo del programa de tiempo base (baseline) con las fechas de inicio y terminación de cada actividad o grupo de actividades, a partir de sus secuencias y duraciones; además, se revisan cuáles son las tareas clave en el proyecto. Se analizan detenidamente las actividades que conforman la ruta crítica y de poca holgura, así como las tareas en proceso o próximas a ejecutarse para su mayor control y monitoreo. Esta herramienta mantiene el enfoque en el tiempo, facilita medir los avances y, en caso necesario, aplica las medidas preventivas y correctivas.

Ejemplo de programa de proyecto (Gantt)

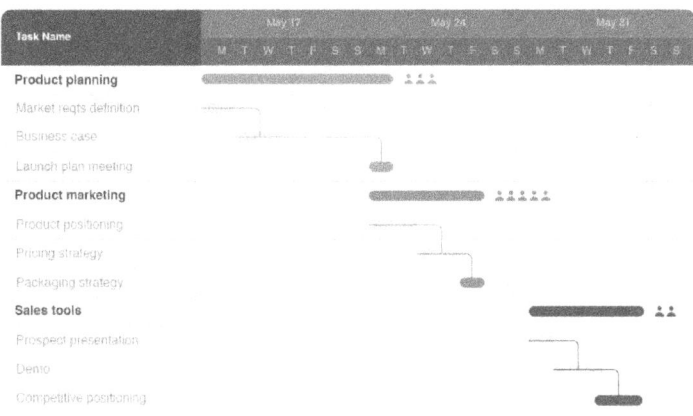

Se sugiere tener un programa base (*baseline*) inalterado con el que se contrasten las modificaciones y acciones autorizadas en el proyecto. El equipo responsable de la ejecución revisa periódicamente el programa, a fin de tomar decisiones que ayuden a cumplir con los tiempos sin poner en riesgo la calidad o el presupuesto.

Costo

Durante la fase de planeación y ya con un buen avance del diseño e ingenierías del proyecto, se ha de estimar con mucha precisión el costo de todos los trabajos y materiales, estableciendo un presupuesto base. Se recomienda revisar periódicamente cada especialidad de este con los diferentes involucrados, tratando de no omitir ninguna partida de costo.

Dentro de los pasos para establecer un presupuesto base se encuentran:

- Especificar, para cada actividad y especialidad del proyecto (WBS), los recursos (materiales, mano de obra, equipo y herramienta) con las cantidades requeridas para ejecutarla.
- Calcular los precios unitarios por cada concepto por ejecutar dentro del proceso de operación con la mayor precisión posible.

Según el avance del diseño y conocimiento del proyecto, se considera un factor de contingencia en los precios unitarios. Es común manejar márgenes de entre 5 y 15 por ciento de contingencia dentro de las partidas de un presupuesto, dependiendo de la etapa actual. El responsable de las partidas de costo debe monitorear con frecuencia los cambios que se presenten y medir su impacto sobre los resultados esperados, para plantear las medidas de corrección.

Durante la planeación y construcción se lleva un control estricto del presupuesto para medir los avances y desviaciones respecto al presupuesto base. En los reportes mensuales se muestra cómo se comporta el costo actual contra el base, y se incluye un presupuesto proyectado. Aquí se procura una estricta documentación de todos los cambios al presupuesto y su clasificación según su origen: solicitudes del comité directivo o desarrollador, oportunidades de ahorro, errores, omisiones u otra condición inesperada.

Ejemplo de una sección de un presupuesto base para un proyecto

Concepto	Autorizado a la fecha	Contratado	Por contratar	Pagado a la fecha
Terreno	$ 13,777,064	$ 0	$ 13,777,064	$ 0
Soft costs	$ 54,456,240	$ 29,588,588	$ 24,867,652	$ 19,488,588
Hard costs	$ 126,200,000	$ 31,924,432	$ 94,275,568	$ 2,517,802
Imprevistos	$ 15,189,112	$ 0	$ 15,189,112	$ 0
Reserva crédito bancario	$ 6,100,000	$ 0	$ 6,100,000	$ 0
Total	$ 215,722,416	$ 61,513,020	$ 154,209,396	$ 22,006,390

Calidad

La calidad de un proyecto inicia con la definición clara de los estándares esperados y continúa con la ejecución de un plan de aseguramiento acorde a su logro. En este plan se confirman los criterios de aceptación (ver alcance) para cada área, que servirán para monitorear, además de su avance, el resultado.

Para cumplir con los requerimientos, estándares, especificaciones y funcionalidad dispuestos previamente, se debe asegurar que los contratistas y proveedores se responsabilicen de sus trabajos con estricto apego a las normas oficiales y especificaciones esperadas.

Cada involucrado clave debe compartir sus experiencias profesionales y mejores prácticas e incorporarlas en el proyecto. Parte del sistema de calidad es auditar las actividades y procedimientos de cada contratista y proveedor, a fin de identificar áreas de oportunidad y propiciar las acciones más adecuadas para conseguir los objetivos.

Recursos humanos

En la fase de planeación se identifican los recursos humanos necesarios para la correcta ejecución del proyecto. Estos individuos y sus empresas forman parte de un organigrama general. Las tareas se asignan directamente, por concurso, en los casos de especialistas comprobados y trabajos pequeños, pero se contrata solo a quienes estén calificados para cada actividad.

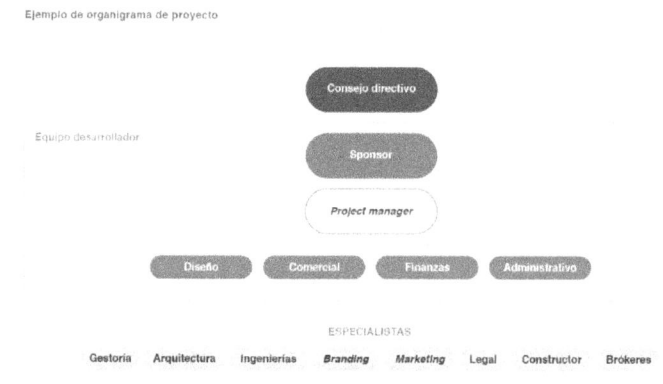

Se debe destacar el rol de cada participante y las reglas de gestión para la toma de decisiones. La jerarquía del organigrama suele iniciar con los inversionistas, seguidos por el desarrollador (patrocinador), gerencia de proyectos, especialistas, etcétera. Una matriz de roles y funciones clarifica las responsabilidades de cada involucrado y el entregable esperado.

El establecimiento de un plan de comunicación asegura la debida generación, recolección, distribución y actualización de la información. Un calendario de juntas de avances semanales y mensuales es conveniente para asentar en minutas los acuerdos tomados por los miembros. Asimismo, se definen claramente los canales de comunicación y envío de documentos con la periodicidad convenida.

Riesgos

Para controlar los distintos riesgos, en la administración de proyectos se utilizan algunas herramientas que identifican las áreas de oportunidad y amenazas. De entre ellas destacan el cuadro de fuerzas, oportunidades, debilidades y amenazas (FODA); el mapa de riesgos, que sirve para hallar y cuantificar los mismos; y la matriz de administración de riesgos, que desarrolla soluciones y asigna responsables para el manejo de cada amenaza. Ante una eventualidad se puede tomar cualquiera de las siguientes medidas: evitarlo, reducirlo, asumirlo, transferirlo u obtener mayor información al respecto. La constante prevención de los problemas potenciales facilita la acción oportuna.

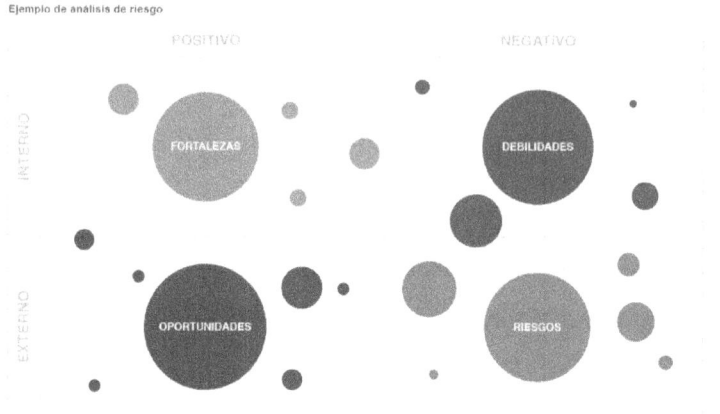
Ejemplo de análisis de riesgo

Abastecimientos

El objetivo de la administración de abastecimientos es optimizar la adquisición de bienes y servicios externos. Se utilizan herramientas como la matriz de abastecimientos, que define la contratación de cada paquete de trabajo, esquema, tipo de contrato, relación contractual, criterio de selección, forma de pago, tipo de proveedor, importe, anticipo, fecha planeada de concurso y contratación. Aquí se considera la administración según el número de contratos clasificados por sus esquemas.

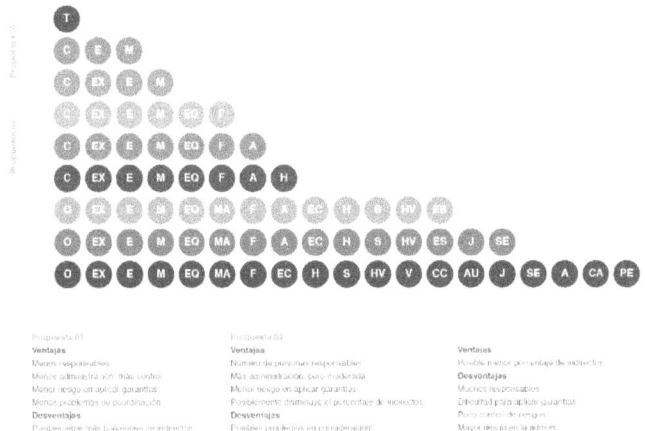

Indicadores clave

Para cada etapa del proyecto se definen indicadores clave para seguirlos de cerca y tomar decisiones objetivas. A continuación, se ejemplifican algunas de estas variables para su monitoreo en las fases de planeación y construcción:

Planeación
- Cumplimiento con fechas importantes como etapas de diseño e ingenierías, obtención de permiso de obra, terminación del *showroom*, etcétera
- Integración de documentos principales como plan de proyecto, contratos con proveedores, fianzas y seguros, entre otros
- Reportes satisfactorios y a tiempo (por semana y mes)

Construcción
- Cumplimiento con el programa de tiempo
- Control contractual y presupuestal
- Condiciones de contratación con contratistas y proveedores
- Cumplimiento de estándares de calidad
- Reportes en tiempo y forma (por semana y mes)

Se documentan las situaciones con partidas que varíen respecto al presupuesto base o que se deban agregar a él. Estas deben ser autorizadas previamente por el responsable del proyecto.

Tipos de cambios: comité directivo, diseño o criterios de ingenierías, solicitud por contratistas o proveedores.

Razón de cambios: omisiones, inconsistencias contractuales, cambio de requerimientos (indicando quién los requiere).

Forma de transmisión de cambios: minutas, bitácora, verbales, órdenes de cambio, ejercicios de constructibilidad.

3.3 Diseño arquitectónico e ingenierías

En el proceso de diseño intervienen cuatro fases fundamentales: programa, diseño esquemático, desarrollo y documentos de construcción.

El programa suele suceder antes de la etapa de diseño, con el fin de clarificar la visión y objetivos de posicionamiento en el mercado según el plan de negocio del proyecto. Incluye, entre otros aspectos, la definición de las áreas privativas, los espacios comunes y de servicio, las vialidades y las áreas de cesión.

Con una constante revisión entre el equipo desarrollador y la firma de diseño, los esfuerzos se enfocan en lograr un balance óptimo entre los espacios que se destinarán a las áreas privativas, útiles o rentables y las de uso común y de soporte. El programa es responsabilidad del equipo de diseño y servirá como fuente de entrada para cuantificar los costos del proyecto y su relación con los resultados deseados. A cada espacio le corresponde un estimado, y la suma de ellos es el total que es posible contrastar con la utilidad esperada.

Por su parte, el diseño esquemático es el primer paso en la realización del diseño e implica un gran esfuerzo creativo. Suele iniciar con algunos bocetos, patrones de circulación, orientación y volúmenes. Aquí, el equipo analiza materiales, tamaños, colores, texturas y otras propiedades estéticas, considerando elementos importantes como los siguientes:

- Áreas de construcción y vendibles, cuidando su proporción en todo momento, de preferencia con más metros vendibles en relación a las superficies de construcción; de esta manera, se optimizan los espacios y los rendimientos financieros.

- Áreas de circulaciones y de servicios (cuartos de máquinas, escaleras, etcétera), en busca de una operación eficiente y en conformidad con estándares de funcionamiento según los parámetros de uso: se debe procurar siempre un proyecto que funcione bien y evite espacios muertos o sin razón de ser.
- Áreas comunes cubiertas y descubiertas, terrazas, patios, etcétera: muchas veces son los principales diferenciadores y focos de atención en la decisión de compra, por lo que su diseño y las necesidades de los clientes tienen que estar en sintonía.
- Áreas exteriores y de esparcimiento, preferiblemente con espacios generosos para que los usuarios puedan realizar sus actividades.
- Estacionamiento: con la llegada de servicios de autos compartidos, vehículos autónomos y entrega de mercancías a domicilio, se empiezan a re-imaginar los espacios de estacionamiento. El cálculo se orienta solo a los necesarios y se cuida la relación entre espacios cubiertos y descubiertos, en sótano o en estructuras sobre el suelo, ancho de cajones, calles de circulación, rampas y alturas de entrepisos.

Tras el diseño esquemático, viene el diseño del desarrollo. El equipo involucrado ya ha llegado a un acuerdo de las dimensiones, alcance y dirección del proyecto, aun con los muchos pendientes para alcanzar su versión final. A estas alturas se investiga a profundidad el uso de materiales, sistemas constructivos y de equipamiento. Estas son las expectativas en esta fase:

- Los planos se presentan con las dimensiones trazadas.
- Se muestran detalles del mobiliario y diseño interior.
- Se puntualizan los elementos estructurales.
- Se incluyen todos los espacios para los servicios de apoyo y cuartos de máquinas.
- Los espacios ya reflejan los códigos y estándares aplicados.
- Se realizan los planos de elevaciones para verificar los detalles en los exteriores de las fachadas.
- Se seleccionan los materiales para los diferentes espacios y fachadas.
- Se obtiene el programa definitivo de áreas.

Ya establecidos el diseño y el presupuesto que acompaña al plan de negocio, con los documentos de construcción se concluyen los detalles y los planos que se utilizarán en campo, teniendo en mente conseguir los permisos de construcción de parte de las autoridades, así como satisfacer las especificaciones y estándares definidos en los juegos de planos.

Los especialistas finalizan los planos constructivos, que luego se integran al proceso de concursos y cotizaciones para obtener los valores de edificación y tiempos por cada especialidad. Concluidos tales cálculos, estos se comparan con el presupuesto o estimado de costo del proyecto, a fin de tomar las decisiones de contratación.

Es común que, durante los concursos e inclusive ya en la construcción, ocurra una serie de revisiones, adiciones y eliminaciones de elementos. Igualmente, durante la fase de permisos la autoridad puede solicitar cambios y afectar el proceso.

Proyecto conceptual (conceptual, *schematic*). Se conceptualiza el desarrollo en un anteproyecto y se verifica que la visión original se cumpla. Se integran las ideas de dimensionamiento, tendencia de producto, arreglo de las circulaciones, carácter de espacios públicos, diagrama de funcionamiento y zonificación de áreas públicas, privadas y administrativas. También se configuran los componentes principales, se define la interacción entre los diferentes usos, se muestran opciones de volumetrías y fachadas y se entregan plantas a nivel preliminar.

Proyecto arquitectónico (*design development*). Basada en el anteproyecto arquitectónico aprobado, esta es la fase final de la proyección y ordenamiento estético y técnico de los espacios; incluye más detalle y desarrollo de los componentes del proyecto e integra tanto la selección como el diseño de los sistemas mecánicos y estructurales. De la arquitectura se integran la planta de conjunto, fachadas, cortes y elevaciones; se pone atención en cómo resolver las áreas de apoyo y servicio con mayor detalle; se revisa la solución de las plantas de jerarquía siguiendo los lineamientos y normatividad de cada espacio, incluyendo amenidades y estacionamientos, además de preparar la lista de especificaciones y la selección de materiales. También se coordinan el proyecto técnico constructivo, el cálculo y las instalaciones. Por último, es importante preparar la presentación final para negociar con instituciones financieras y dependencias gubernamentales.

Proyecto ejecutivo (*construction documents*). Se generan los planos y especificaciones finales para la construcción. Dado que estos servirán como base para emprender una etapa de concursos, deben tener un nivel de detalle preciso y completo. Aquí las partes involucradas confirman los presupuestos y crean un programa de construcción preliminar.

Ahora se listan las principales especialidades e ingenierías que intervienen en el diseño de un proyecto:

- Estructural
- Eléctrica
- Hidráulica
- Aire acondicionado y calefacción
- Protección contra incendio
- Circuito cerrado
- Automatización y control de acceso
- Voz y datos

- Aluminio y cristal
- Iluminación
- Acústica
- Elevadores
- Bioclimática y sustentabilidad

El liderazgo y coordinación entre los grupos de diseño e ingenierías es una tarea tan retadora como trascendental, pues en las distintas especialidades confluyen asuntos como los cruces físicos en campo y los requerimientos entre áreas.

En favor de mantener un ritmo de trabajo fluido y acorde al programa, las ingenierías se han de guiar por estos principios:

- Asegurar que el diseño cumpla las especificaciones y estándares requeridos.
- Detectar y eliminar los riesgos asociados; monitorear los cambios a lo proyectado.
- Alinear la calidad y las expectativas de todos los involucrados.
- Rastrear de forma proactiva los problemas y retos que se susciten en el proceso, para encontrar las mejores soluciones.
- Cuidar en todo momento la ruta crítica de los trabajos y la entrega puntual del proyecto.
- Administrar el presupuesto y mantenerse dentro de sus márgenes.

- Cumplir y exceder las expectativas del cliente en todo momento.
- En la medida de las posibilidades, incluir componentes de sustentabilidad: tecnologías para el consumo eficiente de agua y energía, certificación LEED, etcétera.

Por último, las ingenierías de valor de las principales especialidades llevan a precisar los sistemas constructivos y de equipamiento más convenientes. Su implementación, a cargo del grupo de diseño y especialistas en cada disciplina, tiene el objetivo de identificar los sistemas que más agregan valor al menor costo y descartar los menos aptos para los objetivos trazados en tu proyecto.

Certificaciones de sustentabilidad como el LEED (*Leadership in Environmental and Energy Design*) ganan relevancia y su conveniencia se evalúa según la naturaleza y presupuesto del proyecto. En los últimos años, las edificaciones sustentables se han convertido en una práctica común y de alto impacto en el ramo de la construcción, pues responden a la creciente demanda y conciencia de los usuarios por el cuidado al medio ambiente, los altos costos energéticos y la calidad de vida en sus instalaciones. Según estudios, los edificios consumen anualmente más del 30 por ciento de la energía total del planeta.

3.4 Trámites y estudios

El potencial de un proyecto está también en razón de entender la influencia de la normatividad sobre su resultado y las maneras de alinear los intereses de municipio y proyecto. Gran parte de la generación de valor agregado se relaciona con el sector público, pues es el que invierte en transporte, cuidado del tránsito, espacios abiertos y otros factores relevantes por considerar.

La relación con las autoridades es una función crítica en el programa, por lo que se recomienda seleccionar a un gestor que funja como enlace en las negociaciones y ayude a administrar eficientemente los diferentes trámites.

Perspectiva proyecto Nouparc, Orange Investments

En esta etapa de planeación, se recomienda seleccionar a los mejores especialistas para los distintos estudios requeridos en el desarrollo. Deben considerarse su experiencia y resultados en proyectos similares. Además, en cada caso se supervisa que los criterios de diseño se sometan a un ejercicio de optimización para cumplir con los estándares de operación deseados.

3.5 Identidad corporativa

La identidad asegura que se integren la visión, el diseño y el *marketing*. Una buena marca facilita la estrategia de *marketing* y el posicionamiento en el mercado. Esta debe ser memorable, con alto valor de mercadeo y alineado con las características y ubicación del proyecto. Un punto clave es tener mucha claridad en el mensaje, ya que debe capturar la atención y llamar a la acción. Así, todo el público meta podrá entender mejor el propósito del proyecto. Para esto se requiere tener un alto entendimiento de los factores clave por comunicar, a fin de abordar el mercado de una forma innovadora y con mucha dirección.

Antes de crear la marca, se realiza un *brief* creativo alrededor del tema central, el propósito y la transmisión del mensaje del proyecto. ¿Qué personalidad tiene la marca y cómo desea ser percibida?, ¿a quién le está hablando?, ¿qué tipo de mensaje podría ser de mayor impacto? De aquí se deriva un documento que deberá ser aprobado por los involucrados.

Generalmente, en esta fase una empresa profesional se hace cargo de la comunicación y, en algunos casos, también del diseño del material publicitario. Una vez que comienza a tomar forma y se anuncia en los medios, el proyecto completo se somete a un plan comercial para promover entre el mercado meta sus diferentes componentes y atributos.

A continuación, se sugiere el material para una campaña efectiva de mercadeo unificada bajo una misma identidad:

- **Nombre y logotipo.** Se definen y registran legalmente en sus respectivas categorías.
- **Medios digitales (página web, redes sociales).** De preferencia con imágenes de distintos ángulos, un recorrido virtual, videos, etcétera.
- **Material impreso:** *brochures*, trípticos, vallas en sitio, papelería, carteles.
- **Material de publicidad:** revistas, periódicos, presencia en sitios web afines, buscadores, entre otros.
- **Otros elementos:** maqueta física del proyecto, video en sitio.

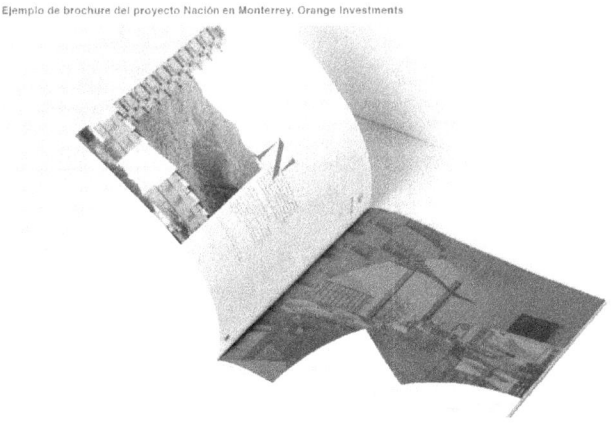

Ejemplo de brochure del proyecto Nación en Monterrey. Orange Investments

Una buena práctica para los materiales impresos es incluir en ellos las plantas, imágenes virtuales de áreas exteriores e interiores, descripción del proyecto y sus componentes, ubicación y zonas de interés.

3.6 Plan comercial

La estrategia comercial debe integrar un plan cuyo objetivo sea identificar la mejor forma de posicionar, diferenciar y comercializar el proyecto entre el universo de compradores potenciales y lograr el mayor número de ventas o arrendamientos dentro de un marco de tiempo definido. Por lo mismo, toda campaña de publicidad y medios se enfoca en captar la atención del mercado meta. El desarrollador debe conocer, con la mayor precisión posible, a quién, cómo y dónde venderá.

El desarrollo de un plan estratégico comercial ayuda a esclarecer...

- Un entendimiento del mercado y sus principales variables de competitividad, permitiendo identificar aquellos atributos no atendidos que apunten a una estrategia de posicionamiento de éxito.
- Un análisis estratégico que correlaciona los indicadores principales de la plaza y logra una estrategia clara del producto que se ofrecerá en el mercado.
- Un proceso de valoración comercial que, en conjunto con un análisis económico, muestra la probabilidad de éxito del producto en el mercado y atrae a la mayor

cantidad de clientes potenciales mediante una aceleración comercial.

Entre los resultados del plan comercial se encuentran la definición de las metas de absorción que tendrá el equipo de ventas, la estrategia de precios en unidades con su plan de incrementos y descuentos, además de los esquemas de financiamiento para los compradores.

La diferenciación del proyecto respecto a los competidores es crucial. Para tal efecto disponen espacios únicos que generen una demanda inexistente o vuelvan irrelevante a la competencia. En estos espacios de competencia, como los definen los autores Reneé Mauborgne y W. Chan Kim en su libro *Océano Azul* (2005), se rompe la disyuntiva entre el valor y el costo del producto.

Sistema de ventas

La implementación de un sistema de ventas integra a actores internos y externos para posibilitar los esfuerzos comerciales. Se debe contar con una estructura organizacional acorde a la dimensión del proyecto, así como procurar los perfiles adecuados. También es necesario motivar al equipo de ventas con un sistema de compensación alineado a los objetivos. Estos incentivos suelen ser un porcentaje de las ventas y en algunos casos se acompaña de un honorario fijo bajo. El sistema debe captar, de entre la afluencia de prospectos, a quienes se interesen y estén calificados para adquirir el producto.

El proceso de ventas debe asegurar una ventaja competitiva y exceder siempre las expectativas del cliente respecto a la experiencia de compra.

A continuación, se ilustra un proceso general realizado en la comercialización de un proyecto de venta de departamentos. Este inicia con la generación de prospectos mediante técnicas de mercadotecnia y termina con la entrega de las unidades a los compradores.

Atracción. Esfuerzo e inversión en medios de publicidad para generar prospectos y lograr que visiten la caseta de ventas.

Experiencia de compra. Interacción del cliente con los puntos de contacto del proyecto como la caseta de ventas, stands, promocionales, televisión, radio y páginas web.

Seguimiento. Proceso de relación continua con prospectos por parte de los ejecutivos de ventas para lograr una interacción más personalizada con ellos.

Cierre de venta. Formalización de la venta por medio de firma de contratos, formatos de compra o recibos de separación.

Administración del cliente. Apertura de expedientes para cada cliente con información relevante, planes de entrega de la unidad y esquema de pagos. Esta relación se da a lo largo del proyecto, hasta la entrega de la unidad, para lo cual se lleva un control de cobranza y se invita a los clientes a visitar periódicamente la obra, además de que se comunican los principales acontecimientos y avances.

Entrega de la unidad. Formalización del proceso en que se explican sus garantías y se procede a la escrituración.

Postventa. Atención que dan el desarrollador y los proveedores al cliente en caso de fallas en las unidades durante su vida útil.

Checklist para sistema de ventas:

- **Estructura organizacional:** definir roles y funciones del equipo comercial.
- **Operaciones:** fijar políticas, reglas y procedimientos.
- **Procesos:** elaborar manual de operaciones y plan de ventas.
- **Administración:** establecer la guía de operación del punto de ventas, reportes e información.

Experiencia de compra

En términos generales, es la vivencia de los clientes antes y durante la compra. Hoy se le conoce como *customer experience management* (CEM) y apela a los sentidos, pensamientos y sentimientos del cliente para influir en su preferencia, decisión de compra y vinculación real con el producto.

El objetivo de lograr una buena experiencia de compra será imprimir en la mente de los clientes una memoria indeleble.

En su diseño, se debe dejar muy claro el rol de cada participante del proceso, en particular el de los agentes de venta que estarán en contacto con los prospectos y clientes. Estos agentes deben dominar la implementación del plan en todo momento para acompañar al cliente en su proceso de compra.

Hoy, quien se involucre en las ventas debe convertirse más en un coach y estar preparado tanto para ayudar al cliente a tomar su decisión como para cuidar la experiencia en el proceso.

Estas son algunas recomendaciones al respecto:

- Asegurar que el proceso de venta sea diseñado en función de la vivencia del cliente para lograr una compra. Este debe ser simple, ágil y completo, ya que además la relación con el cliente deberá continuar incluso luego de entregarle su unidad.

- Desarrollar un ambiente de confianza que invite al cliente a pasar tiempo para conocer el proyecto. En él se deben cuidar los detalles y la logística de cada paso. Ya no basta con tener una gran sala de ventas; ahora se debe observar mucho el trato de los vendedores, la percepción del usuario potencial, el confort del ambiente, los detalles de la oportunidad ofrecida: en general, buscar una experiencia agradable en todo momento.
- Asegurar que los asesores conozcan a la perfección las propuestas de valor. Ante tanto producto de competencia, los asesores deben ser conscientes de los diferenciadores y valores agregados del proyecto. Las técnicas de un asesor se deben basar siempre en el conocimiento de la causa, ser orientadas a brindar asesoría con fundamentos y responder a cualquier duda de los clientes.
- Diseñar procesos de seguimiento y soporte, ya que la relación con el cliente no termina tras la compra. Es importante darle seguimiento y siempre acompañarlo en los siguientes pasos; la atención se fija incluso en la experiencia de entrega de la unidad. Gracias a esta cercanía, el mismo cliente podría recomendar el producto a sus conocidos y generar nuevos prospectos. Por el contrario, una mala experiencia puede crear una resonancia negativa en al menos 10 personas, según estimaciones.

Una buena experiencia de compra considera todos los factores del proceso, incluyendo cada punto de contacto del cliente con la empresa y el proyecto. Generar un buen ambiente propicia una experiencia agradable que puede, a su vez, traducirse en un mayor número de ventas.

Administración del cliente

Lograr un alto nivel de captación de prospectos no garantiza la efectividad comercial. El modelo de administración de clientes, *customer relationship management* (CRM), debe complementarse con un método de seguimiento que garantice la lealtad de la base de clientes y provoque que los prospectos compren los productos.

Los sistemas y herramientas para la administración de relaciones con clientes (CRM) se han vuelto compañeros imprescindibles de cualquier estrategia comercial. Con el apoyo de un CRM, se lleva un mejor manejo de los prospectos (*leads*), de tal suerte que se puede alcanzar un mayor número de conversiones a ventas.

Origen de los contactos
- Visitas al *showroom*, llamadas, página web, fuerza de ventas, *inbound* marketing

Medio de mayor impacto en la publicidad
- Punto de venta, señalización, prensa, referidos, sitio web, medios digitales, etcétera
- Inversión por prospecto generado y venta por cada medio

Perfil de los prospectos
- Edad, sexo, ubicación, presupuesto de compra, etcétera

Características de los prospectos
- Objetivo de la compra: inversión para reventa, renta o uso propio
- Primera compra, segunda compra
- Día y hora de visitas

Efectividad en venta
- Número de cierres vs. afluencia y prospectos
- Número de cierres por ejecutivo de ventas

Estrategias de comunicación

Al comunicar la oferta de un producto se combinan estrategias tradicionales (medios masivos) con medios alternativos y digitales. La marca debe mostrar la intención y calidad del desarrollo.

Generalmente, la ruta de comunicación parte de los medios masivos hacia los medios de mayor segmentación, y de los argumentos emocionales de posicionamiento hacia los argumentos racionales.

Categorías de publicidad
- **Exterior:** carteleras, panorámicos, vallas, señalización móvil, etcétera
- **Masiva:** televisión abierta, radio, televisión por cable, cine, etcétera

- **Impresa:** prensa, revistas, guías inmobiliarias, volantes, correo directo, etcétera
- **Digital:** correo electrónico, sitios web relacionados, portales inmobiliarios, redes sociales, motores de búsqueda, etcétera

Lanzamiento. Se crea una fuerte expectativa, generalmente en medios masivos y diseños de publicidad atractivos. La campaña suele lanzarse durante la etapa de planeación del proyecto.

Conocimiento. Se muestran a detalle los atributos con la apertura de la caseta de ventas y eventos de relaciones públicas.

Demostración. Se promueven visitas de los clientes para que constaten los avances, así como el cumplimiento en sus tiempos de entrega y los atributos ofrecidos.

Cierre. Ya concluida la construcción, aumentan mucho las ventas y se reducen considerablemente los esfuerzos en medios. Aquí la campaña se centra en invitar prospectos a constatar la calidad del producto terminado.

Caseta de ventas
La caseta de ventas es, sin duda, una herramienta clave para transmitir con mayor detalle las características del proyecto a los clientes.

A continuación, algunas recomendaciones para el también llamado *showroom*:

- Disponer de espacios de trabajo exclusivos y suficientes para los agentes de ventas, con las herramientas e información completas y accesibles.
- Unificar la decoración interior y exterior con el concepto del desarrollo.
- Contar con un paquete publicitario para mostrar y entregar a los prospectos (*brochures*, *folders*, medios digitales, imágenes, etcétera).
- Mostrar experiencia en proyectos anteriores, si es el caso.
- Cuidar la iluminación, limpieza y temperatura del lugar.
- Albergar oficinas privadas o sala de reunión para efectuar las demostraciones del proyecto y el cierre de ventas.
- Prever el recorrido virtual e imágenes del proyecto en un lugar adecuado, de preferencia cerrado, con buena acústica.
- En su caso, designar un área para entretenimiento de los niños.
- Ofrecer servicio de alimentos y bebidas.
- De preferencia, disponer de una unidad muestra terminada y decorada, con las opciones de paquetes de interiores por ofrecer.

La intención del *showroom* es mostrar al prospecto un producto muy apegado a la realidad y crear una verdadera experiencia de compra.

Marketing digital

El *marketing* digital ha tomado mucha fuerza en la industria inmobiliaria desde hace varios años. Por esto es recomendable diseñar una clara estrategia de medios digitales para posicionar el proyecto en el mercado.

Una de las razones principales para enfocarse en una estrategia de *marketing* digital es que la gran mayoría de los consumidores comienza buscando vender o rentar una propiedad en línea. Algunas estadísticas demuestran que sucede así hasta en el 92 por ciento de los casos, lo que abre el camino para llegar efectivamente a estas audiencias.

Las técnicas de una estrategia digital deben atender retos como los siguientes:

- Cómo atraer más tráfico al sitio web del proyecto.
- Cómo generar y mantener nuevos prospectos.
- Cómo desarrollar un mejor *branding* digital y campaña de comunicación en línea.
- Cómo posicionarse mejor en la web para crecer y dar continuidad a la marca.

Marketing de contenidos

Se debe privilegiar una creación de contenidos que atraiga interesados al sitio y que ayude a convertirlos en leads. El formato de contar historias, también conocido como *storytelling*, debe ser el fundamento detrás de una buena estrategia de contenido y marketing. Si es ordenada y relevante, la narrativa puede tener un alto impacto en la atracción de prospectos.

El contenido es la forma en que se comunica la esencia del proyecto al mercado vía blogs, videos, artículos y demás formatos. Con él, los clientes tienen la oportunidad de conocer mejor el por qué y a quienes están detrás del proyecto: en otras palabras, imprimir la personalidad del proyecto, generar confianza en la marca y dar valor a los clientes. Además, el contenido puede ser meramente funcional e informativo: por ejemplo, proveer guías sobre aspectos pertinentes para tus clientes o anunciar noticias relevantes tales como el avance del proyecto.

3.7 Análisis financiero

El análisis económico de un proyecto implica la elaboración de un modelo financiero (*financial model*) que arroje los resultados proyectados y permita una comparación efectiva con las expectativas de rendimiento de los socios.

El modelo se integra por supuestos y variables, tanto de ingresos como de egresos, que ocurren durante el periodo de desarrollo y cierre del proyecto (entre 5 y 10 años, generalmente). Empleando *software* de hojas de cálculo (ej. Microsoft Excel, Apple Numbers, etcétera) es relativamente sencillo proyectar escenarios y simular situaciones para obtener pruebas variadas de sensibilidad. Algunos escenarios serían, por ejemplo, plantearse qué pasaría si se incrementa el precio de venta en cierto porcentaje cada año o si las tasas de desocupación suben en cierta proporción.

Un modelo financiero típico muestra los ingresos, costos de ventas u operación, gastos indirectos, intereses y costos de capital sobre un periodo definido. Algunos factores críticos que se muestran en un modelo son las implicaciones relativas al nivel de deuda requerida y el impacto del pago de impuestos. De entre los indicadores que arroja destacan el valor presente neto y la tasa interna de retorno, ambos ampliamente adoptados por instituciones como medidas para evaluar una inversión inmobiliaria.

Valor presente neto (VPN)

Para calcular el valor presente neto de una inversión inmobiliaria se selecciona una tasa de descuento apropiada para el nivel de riesgo. Con esta tasa se descuentan todos los flujos de efectivo del proyecto y su resultado muestra el valor que se obtiene por arriba del costo de capital. Asimismo, su determinación sirve para evaluar si la ganancia incremental es lo suficientemente atractiva según el riesgo, tiempo y trabajo necesarios.

Visto de otra manera, el VPN se obtiene al traer al presente (día actual) los flujos de efectivo proyectados y se representa mediante la siguiente fórmula, en la que (t) equivale al tiempo, expresado generalmente en años; (r), a la tasa de descuento; y (V), al flujo de efectivo en cierto periodo (t). Se suman todos los flujos proyectados en el tiempo.

Fórmula VPN

$$NPV = \sum_{i=0}^{t} \frac{V_t}{(1+r)^t}$$

La tasa de descuento depende de varios factores. El riesgo es uno de ellos.

El nivel de riesgo dependerá del factor de incertidumbre ante retos como la obtención de aprobaciones normativas, servicios públicos e infraestructura, el nivel de ventas y precios previstos en el tiempo, las condiciones del crédito bancario y los costos de edificación.

A esta tasa también se le conoce como el costo de oportunidad, ya que los inversionistas suelen compararla con la de otras alternativas de inversión.

Ejemplo. Después de realizar un estudio de factibilidad para un desarrollo pequeño, se proyectan los siguientes supuestos:

Terreno	Valor 5 millones USD	AÑO 1
Costo de planeación	Valor 3 millones USD	AÑO 2
Costo de construcción	Valor 10 millones USD	AÑO 3
Ingresos por ventas	Valor 25 millones USD	AÑO 4

Asimismo, considera una tasa de descuento del 10 por ciento.

El primer paso es obtener el valor presente (VP) de cada una de las entradas o salidas de efectivo según el periodo en que se realizaron, primero revisando la fórmula de VP.

Fórmula de valor presente
El valor presente (VP) se obtiene multiplicando el flujo de efectivo en determinado periodo por un factor de descuento, según la tasa que se aplicará.

Valor presente del periodo 1:

En el que V equivale al flujo del periodo, ya sea negativo o positivo, y R es la tasa de descuento seleccionada.

VP = (V / (1 + R))
VP = (-5/(1 + 10%))

Para el periodo 2, se repite la fórmula, pero en este caso se eleva el divisor a la segunda potencia, según el periodo de este flujo de efectivo.

Así se aplicará sucesivamente para el cálculo de los siguientes periodos.

VP = (V / (1 + R)^2)

Y así sucesivamente...

VP = (V / (1 + R)^3) / VP = (V / (1 + R)^4)

En este caso, la fórmula quedaría así:

VP = (-5/(1 + 10%)) + (-3 / (1 + 10%) ²) + (-10 / (1 + 10%)³) +(22 / (1 + 10%)4)

Así se verían los valores:

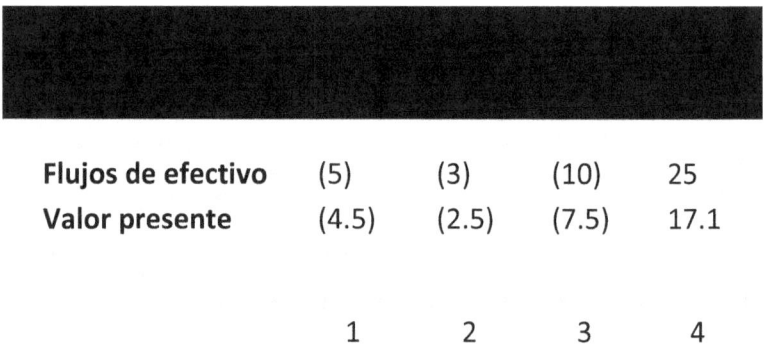

Flujos de efectivo	(5)	(3)	(10)	25
Valor presente	(4.5)	(2.5)	(7.5)	17.1
	1	2	3	4

Cálculo del VPN

El valor presente neto o VPN será el resultado de sumar todos los flujos de efectivo del proyecto descontados a valores actuales.

En este caso, el VPN sería:

VPN = (4.5) + (2.5) + (7.5) + 17.1
VPN = 2.5 M

Con base en el resultado del cálculo, el criterio para aceptar una inversión en un proyecto determinado sería si el VPN tiene un valor mayor a cero; en este caso, se aceptaría con el resultado de $2.5 M.

Tasa interna de retorno (TIR)

La tasa interna de retorno es la tasa de interés o rentabilidad que ofrece el proyecto. Dicho de otra manera: es el beneficio o pérdida que tendrá el proyecto o los socios inversionistas, expresado en un porcentaje anual.

Para su cálculo se consideran los flujos de efectivo de entradas y salidas, y asume que los flujos obtenidos durante el desarrollo del proyecto se reinvierten a la misma tasa. Al igual que el VPN, toma en cuenta el tiempo en que el capital fue aportado y retirado por los socios inversionistas. Este factor es de gran valía para comparar alternativas de inversión, pues no es lo mismo aportar el dinero en una sola ocasión que hacerlo gradualmente.

Lo importante es calcular ambos indicadores y, según los resultados, elegir el que tenga más sentido para la inversión. Por ejemplo, la TIR puede ser muy elevada en un periodo de retorno relativamente corto, lo que pondría en entredicho el beneficio de un proyecto.

De igual manera, un inversionista puede estar más satisfecho si invierte a un TIR menor, pero durante un periodo más largo. Para el VPN no solo importa conocer las ganancias después de la inversión, sino su tamaño y el tiempo en que ocurre.

La clave es observar cuáles variables generan valor: ¿son los beneficios de la utilización de deuda, el valor estimado de venta del activo al final de algún periodo, los incrementos de valor en las rentas en el tiempo? Explorar varios escenarios ayuda a percibir las circunstancias que impactan los resultados de una inversión desde distintos ángulos.

Otra métrica comúnmente utilizada es el retorno sobre capital, también conocida como ROE o *cash on cash*. Se obtiene con la división simple de la utilidad entre el capital invertido (*equity*) sin considerar el factor del tiempo. Se suele expresar también como un múltiplo de veces capital, es decir: un ROE de 100 por ciento equivale a 2x o dos veces la cantidad invertida.

Otra forma de concebir el resultado de la TIR es que esta se muestra como la tasa de descuento o costo de oportunidad cuando en el cálculo del VPN equivale a un valor de cero. Además, la TIR será mayor a la tasa de descuento si el VPN es superior a cero.

Para evaluar una posibilidad de inversión, se compara el resultado de la TIR con la tasa de retorno deseada por los socios inversionistas; generalmente, se acepta el proyecto cuando la TIR es mayor y se rechaza cuando es menor.

Cálculo de la TIR
El resultado de la TIR, según su fórmula, muestra la tasa de descuento que iguala en el momento de inicio la corrida futura de ingresos con la de egresos, generando un valor presente neto igual a cero. Ver fórmula:

Cálculo de la TIR

$$VPN = -I_0 + \sum_{t=0}^{n} \frac{F_t}{(1+TIR)^t} = -I_0 + \frac{F_1}{(1+TIR)^1} + \frac{F_2}{(1+TIR)^2} + \cdots \frac{F_n}{(1+TIR)^n} = 0$$

F_t son los flujos de efectivo de cada periodo t.
I_0 es la inversión realizada en el momento inicial (t = 0).
n es el número de periodos de tiempo, por lo general expresado en años.

TIR como criterio de selección

El criterio de selección de un proyecto según la TIR obedece a los siguientes razonamientos, en los que k representa la tasa de descuento de los flujos de efectivo que se utilizaron para el cálculo del valor presente neto:

- **Si TIR > k, el proyecto será aceptado.** En este caso, la tasa de rendimiento interno es superior a la tasa mínima de rentabilidad exigida para la inversión.
- **Si TIR = k, situación similar versus otras alternativas de inversión.** Podrá llevarse a cabo si el inversionista se siente cómodo con los fundamentos del proyecto y no hay alternativas más favorables.
- **Si TIR < k, el proyecto debe rechazarse.** No se alcanza la rentabilidad mínima que se le pide a la inversión de capital.

A continuación, un ejemplo de la tasa interna de retorno:

Supongamos que tenemos un proyecto inmobiliario en el que hay que aportar 5,000,000 de dólares y nos prometen que, tras esa inversión, recibiremos 2,000,000 el primer año y 4,000,000 el segundo.

Los flujos de efectivo del modelo serían (5 M), 2 M y 4 M de dólares. Para calcular la TIR, primero se iguala el VPN a cero (igualando el total de los flujos de efectivo a cero):

Ejemplo de la TIR

$$VPN = 5{,}000{,}000 + \frac{2{,}000{,}000}{1+r} + \frac{4{,}000{,}000}{(1+r)^2} = 0 \text{ USD}$$

Cuando existen tres flujos de efectivo (el inicial y dos más), como en este caso, se trata de una ecuación de segundo grado:

-5,000,000 (1 + r)^2 + 2,000,000(1 + r) + 4,000,000 = 0

De esta formulación resulta que la r es igual a 0.12: es decir, una rentabilidad o tasa interna de retorno del 12 por ciento.

Capitalización del ingreso

Muchos activos inmobiliarios generan ingresos anuales. El reto para cualquier inversionista es descifrar cuánto debe pagar por los flujos que produce una propiedad. Si las entradas de dinero sufren fluctuaciones año con año, se recomienda usar la fórmula de valor presente neto; sin embargo, si estas son constantes, se puede recurrir a una simple fórmula de capitalización del ingreso. Con esto se obtiene un valor proyectado del inmueble. La tasa por utilizar dependerá en gran medida de los comparativos de venta de propiedades similares en el mercado, en cuanto a su relación precio versus ingreso o los múltiplos de venta. A la inversa de estos múltiplos se deriva la tasa conocida como de capitalización o *cap-rate*. La manera para obtener el valor de la propiedad vía esta tasa es muy simple: una división del ingreso operativo neto que generará la propiedad anualmente entre la tasa de capitalización.

Ejemplo: si una propiedad se vendió por 1,000,000 de dólares y tuvo un ingreso operativo neto anual (renta menos gastos) de 100,000, entonces la tasa de capitalización (*cap-rate*) sería de:

$100,000 / $1,000,000 = 10%

Tasa de capitalización = ingreso operativo neto / valor

Elaboración de un modelo financiero

Crear un modelo financiero para un desarrollo inmobiliario conlleva dos objetivos:

- Decidir si tiene sentido o no emprender el proyecto
- Producir una herramienta para dar seguimiento y tener control del proyecto

A raíz de los resultados que arroja un modelo financiero, se toman decisiones en busca de mitigar el riesgo y lograr la rentabilidad prevista.

A continuación, se describen los pasos generales para elaborar el modelo financiero de un proyecto inmobiliario. Recurrir a una hoja de cálculo o software especializado es muy útil para esto.

Paso 1. Descripción y dimensionamiento

Al construir un modelo financiero se describen los espacios en función del proyecto arquitectónico y en conformidad con las normas y reglamentos. En la descripción se incluyen los siguientes elementos (a mayor detalle en ellos, más precisión):

- Áreas por construir para cada componente y unidad, definiendo claramente cuáles espacios serán vendibles (rentables) y cuáles no, ya que en el modelo financiero se clasifican los espacios en las categorías de ingresos o egresos.
- Áreas destinadas a circulación, que formarán parte de la sección de costos de construcción.
- Áreas comunes, que se deben especificar, con su respectivo nivel de equipamiento, para fines de los supuestos de costos.
- Descripción de amenidades, con sus características en interiores y exteriores: mobiliario, equipamiento, etcétera.
- Número de unidades para venta o renta, con sus debidas superficies.
- Cantidad de cajones de estacionamiento y si estos son subterráneos, en superficie o en estructura.
- Superficie del estacionamiento, incluyendo rampas y circulaciones.
- Otros elementos que intervienen en el desarrollo como accesos, parques y plazas.

Paso 2. Calendarización del proyecto (del WBS)

En segunda instancia, se traza un calendario general con la secuencia de las principales fases del proyecto, en orden cronológico, con su respectiva duración y fechas de inicio y término (ver administración del tiempo).

Los costos y erogaciones estarán ligados a la duración de estas fases.

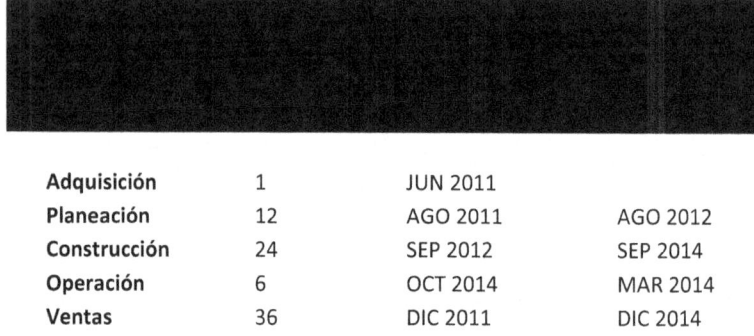

Adquisición	1	JUN 2011	
Planeación	12	AGO 2011	AGO 2012
Construcción	24	SEP 2012	SEP 2014
Operación	6	OCT 2014	MAR 2014
Ventas	36	DIC 2011	DIC 2014

Paso 3. Supuestos y variables clave

Paso 3.1. Supuestos de costo

Una vez enlistadas las áreas, su descripción y equipamiento y definido su calendario, se añaden las variables clave de cálculo para los costos del modelo. Esto se hace por cada componente (ej. condominios, comercio, oficinas, etcétera) y se clasifica por categorías, según el WBS.

Costos del terreno

Superficie por terreno	3,000 m²
Costo por m²	$10,000 pesos
Costo total	$30 millones de pesos
Forma de pago	30% enganche, resto 12 meses

Costos directos (*hard costs*)

Costo directo por m² (área vendible)	$10,000 pesos
Costo directo (área vendible) total	$50 millones de pesos
Costo por m² (áreas comunes)	$8,000 pesos
Costo total (áreas comunes)	$4 millones de pesos
Costo por cajón de estacionamiento	$120,000 pesos
Costo total estacionamiento	$9.6 millones de pesos
Imprevistos	10% del total de costos directos

Costos indirectos (*soft costs*)

Proyecto arquitectónico	$1.5 millones de pesos
Ingenierías	$2.2 millones de pesos
Gerencia de obra	$3.0 millones de pesos
Trámites y permisos	$1.0 millón de pesos
Publicidad y mercadotecnia	1.5% de las ventas proyectadas
Administración y contabilidad	$10,000 pesos mensuales
Seguros	$80,000 pesos por año
Comisiones de venta	4% del valor de venta
Honorarios de desarrollo	8% de ventas
Imprevistos	10% del total de los costos directos

Se recomienda incluir cierto porcentaje de imprevistos (contingencias) en cada capítulo que integra los costos del proyecto y apegar lo más posible los honorarios profesionales según la ley arancelaria que aplique.

Paso 3.2. Supuestos de ingresos

Para cada componente se estiman los ingresos por unidad y el ritmo de absorción en ventas.

Número de unidades-departamentos	50 unidades
Precio por m² de venta	$20,000 pesos por m2
Precio promedio por unidad	$1.5 millones de pesos
Absorción por mes	2 unidades
Esquema de pago estándar	30% enganche, resto 18 meses
Esquema de pago contado	90% enganche, resto vs. escrituración
Comisiones de ventas	4% del precio de venta

Aquí también se puede especificar el incremento que tendrán las unidades en el tiempo, si fuera el caso.

Paso 4. Programa de inversión

Para estos rubros se necesita conocer el programa de erogaciones o la forma de inversión para cada partida en el tiempo, incluyendo el porcentaje de anticipo, en su caso, y su calendario de amortizaciones.

Ejemplo. Esquemas de pago y contratación

Contrato	Esquema de pago
Terreno	Contado
Gerencia de obra	36 igualas mensuales fijas
Contratista general	30% anticipo, resto según calendario de obra (24 meses)

Paso 5. Estructura de financiamiento

En un modelo financiero también hay que agregar los supuestos de financiamiento, según la mezcla deseada entre el capital y deuda. Para cada rubro se fijan los montos que componen la fuente de recursos del proyecto. En el caso de la deuda, su costo se fija considerando la tasa de interés y los demás costos del financiamiento; por ejemplo:

Capital socios	$15 millones de pesos
Deuda bancaria	$15 millones de pesos
Preventas	$5 millones de pesos
Tasa de interés (deuda)	10% anual
Comisión de apertura	1% del monto del préstamo

Para identificar el monto requerido de capital y deuda, según sea el caso, primero se realiza un flujo proyectado del desarrollo y se suman los faltantes por cada periodo.

Paso 6. Flujo proyectado (proforma)

Ya con todos los supuestos y variables, estos se agrupan en una hoja de cálculo con el siguiente orden general:

	MES 1 ... MES N
Ingresos	
Venta de unidades (menos) comisiones de ventas	—
Egresos	—
Adquisición del terreno	—
Costos directos	—
Costos directos	—
Costos indirectos	—
Costos de financiamiento	—
Flujo antes de deuda	—
Gastos financieros	—
Flujo antes de impuestos	—
Impuestos	—
Flujo neto	—

Con la información de los supuestos de ingresos y la programación de los costos, estos se pronostican en el tiempo por periodos mensuales y anuales. Una vez completado el periodo del primer mes, se calcula el segundo y así sucesivamente hasta concluir el proyecto.

Para un desarrollo de venta de productos se proyecta toda su duración hasta que ocurra la última venta prevista. En el caso de un inmueble con productos en renta, generalmente se realizan cálculos anuales de entre cinco y diez años, incluyendo un valor terminal en el último periodo, que generalmente integra una valuación basada en una tasa de capitalización. La diferencia entre los ingresos y egresos de cada periodo muestra el remanente o faltante de flujo; con esto se controlan y estiman los sobrantes o requerimientos de capital en el tiempo.

Ventas			
Departamentos	1	3	2
Locales comerciales	1	0	1
Oficinas	0	0	0
Total unidades	2	3	3
Saldo inicial	**$ 0**	**$ 0**	**$2,751**
Entradas			
Cobranza deptos.	2,301	5,105	3,072
Cobranza locales	2,327	3,597	3,315
Cobranza oficinas	3,316	2,160	2,160
Aportaciones	1,676	—	—
Otros préstamos	—	—	682
Total entradas	**$9,620**	**$10,862**	**$11,981**
Salidas			
Costos directos			
Terrenos	—	—	—
Construcción	8,226	6,439	9,356
Gastos varios	281	162	225
Permisos y aportaciones	—	—	—
Gastos de administración			
Comisiones de venta	—	643	274
Publicidad	60	2	20
Asesorías legales	8	8	8
Otros indirectos	28	11	15
IVA acreditable	712	540	956
Actividades financieras			
Pagos impuestos de IVA	—	—	—
Capital bancario	—	—	—
Préstamos/cancelaciones	—	—	—
Total salidas	**$9,315**	**$7,805**	**$10,855**
Saldo acumulado	**$305**	**$3,056**	**$1,127**
Retiros	**$305**	**$305**	**$305**
Saldo neto	**$0**	**$2,751**	**$805**

Una vez concluido el flujo de efectivo del modelo financiero, se pueden calcular las métricas de rentabilidad del VPN y TIR. Con esto se puede determinar si la inversión proyectada tiene sentido o no. Asimismo, ya con el modelo listo, se logra llevar un control del proyecto, incorporando en cada periodo los flujos reales efectuados contra las proyecciones, lo que redunda en una mejor toma de decisiones.

Análisis de sensibilidad

Al concluir un modelo financiero, se pueden realizar ejercicios variando algunos de los supuestos, para así obtener diferentes escenarios de resultados. Este análisis de movimiento de variables permite planear mejor y prepararse ante imprevistos durante el desarrollo del proyecto.

Se recomienda seleccionar las variables que tienen un impacto significativo en los resultados del proyecto y generar al menos tres escenarios:

- **Pesimista:** panorama no deseable que resulta en una inversión que incumple las expectativas de rendimiento.
- **Probable:** escenario que se supone más posible con base en los estudios e información disponible.
- **Optimista:** proyección que rebasa los indicadores de rentabilidad, mediante mayores valores de venta, absorciones aceleradas, entre otros.

Gracias al planteamiento de estas alternativas de desenlace, es posible analizar una inversión con grados de riesgo y resultados probables.

3.8 Plan de inversión

Al concluir con éxito la fase de planeación, se recomienda reunir en un documento el plan de inversión que resuma el objetivo del proyecto, rendimientos esperados, diseño, mercado, etcétera. Esto es muy útil para obtener el financiamiento necesario de las distintas fuentes y es una guía de referencia para la fase de desarrollo.

El plan de inversión se inicia con un resumen ejecutivo que reúna, en dos o tres cuartillas, una descripción breve del proyecto y los principales indicadores de rentabilidad. También se integran sumarios de las conclusiones del estudio de mercado y del programa básico de diseño, incluyendo los cuadros de áreas principales, entre otros. Este documento deberá ser lo suficientemente puntual para no distraer la atención de los inversionistas en potencia.

Nación. Orange Investments. Monterrey, NL.

A continuación, se listan los capítulos por incluir en el plan de inversión:

- **Biografía corta del equipo principal del proyecto.** Equipo de desarrollo, gerencia de obra, arquitecto, abogados, consultores, entre otros participantes clave.
- **Resumen del estudio del mercado.** Tablas y gráficas con el resumen del ejercicio, destacando el perfil del comprador potencial, el análisis de la competencia y la propuesta de posicionamiento.
- **Descripción general del proyecto.** Áreas, equipamiento, nivel de amenidades, etcétera.
- **Plano de ubicación.** Fotografía y mapa de localización del proyecto.
- **Proyecto conceptual.** Diseño del proyecto, incluyendo imágenes virtuales.

- **Resumen de resultados económicos.** Ingresos, costos, utilidad antes de impuestos e indicadores (TIR, VPN, ROE).
- **Estructura legal propuesta.** Explicación de la estructuración legal propuesta, incluyendo un diagrama.
- **Presupuesto del proyecto.** Con un desglose de las principales partidas de costo y programa de inversión.
- **Estructura propuesta de capitalización.** Resumen de la composición propuesta en términos de capital, deuda, preventas, etcétera.
- **Calendario del proyecto.** Que muestre las principales etapas con su duración y sus principales *milestones*.
- **Otros temas de importancia.** Procedimiento para completar los permisos, siguientes pasos, etcétera.
- **Anexos.** Modelo financiero, información del proyecto, carta de intención, escrituras y cualquier tema que agregue valor.

3.9 Conclusión del capítulo 3

En la etapa de planeación se analizan particularmente los indicadores económicos relevantes. Con el modelo financiero se conoce la factibilidad de un desarrollo. Invertir meses de trabajo y millones de pesos amerita una evaluación realista, precisa y cuidadosa desde su planeación.

La planeación es, entonces, una etapa fundamental para considerar las opiniones de los especialistas e identificar áreas de oportunidad, a fin de optimizar la asignación de recursos humanos, económicos y materiales. En este momento, los errores no generan gran gasto más allá del tiempo invertido en planear y, si fuera necesario, reconsiderar y comunicar a los involucrados los cambios planteados.

La administración profesional de un proyecto inmobiliario permite llevar orden y calidad en todas las fases: planeación, ejecución, control y cierre, y se apoya en herramientas de control tales como el apego a un presupuesto base y programa de obra.

Capítulo 4
Desarrollo

Organizador temático

- **4.1** Introducción
- **4.2** Administración comercial
  - Análisis del mercado
- **4.3** Administración financiera
  - Enfoque del análisis financiero
  - Gestión de cartera
  - Proyecciones
- **4.4** Administración de obra
  - Administración de proveedores
  - Secciones típicas de un contrato
  - Control presupuestal
- **4.5** Reportes de resultados
- **4.6** Cierre de proyecto
  - Cierre técnico
  - Cierre administrativo
  - Entrega de información del proyecto
- **4.7** Escrituraciones
- **4.8** Conclusión

4.1 Introducción

Tras el diseño y la planeación, arranca la etapa de desarrollo. En ella se da la ejecución y el seguimiento a los resultados de la planeación en cada área y al desempeño del proyecto total durante su construcción.

Antes de iniciar los trabajos de esta fase, se requieren asentar en un plan de proyecto (capítulo 3) las expectativas de los socios y el comité directivo. Durante la etapa de desarrollo se monitorea de cerca este plan y, con la ayuda de herramientas como tableros de indicadores, se mide periódicamente su comportamiento para facilitar la toma de decisiones.

4.2 Administración comercial

Luego del plan comercial se procede a la ejecución y a su monitoreo permanente. En esta campaña es vital conocer a los prospectos interesados y sus expectativas. Las indicaciones del mercado, según el avance de las actividades comerciales, deben cotejarse con lo planeado para poder realizar ajustes y acelerar el logro de los resultados. Se monitorean las llamadas al punto de venta, la frecuencia de las visitas y el contacto de los agentes con los prospectos. Para esto se diseña un plan efectivo de seguimiento acorde a las diferentes formas de contacto. Entender la estacionalidad de los contactos (es decir, en qué fechas se reciben más llamadas o visitas) ayuda a enfocar y potenciar los esfuerzos de atención y venta.

Respecto a la inversión en medios de publicidad, para optimizar el presupuesto se seleccionan aquellos que tengan mayor impacto sobre los prospectos. Por eso es necesario agregar la efectividad producida por los diferentes medios a los indicadores comerciales, es decir, el costo por prospecto derivado de un determinado medio. Por lo general, se establece un presupuesto para las diferentes campañas de publicidad en función del volumen de ventas esperado; por ejemplo: dos por ciento de las ventas proyectadas, presupuesto distribuido a lo largo del tiempo.

Durante la campaña comercial se mantiene una comunicación continua con los prospectos y clientes, y se informa de los avances del proyecto vía desplegados de prensa, redes sociales, página web, o *newsletters* periódicos. En el contenido de estos se incluyen notas relevantes, ofertas, promociones, fotografías del avance, invitaciones a eventos, entre otros temas de interés.

Ventas de unidades. Conocer el número de unidades vendidas por mes vs. el plan original permite ejecutar las acciones pertinentes.

- Al ser bajas, se deben buscar nuevas estrategias de canales de venta y medios de publicidad.
- Al ser altas, explorar la posibilidad de incrementar los precios y con ello mejorar el margen de ganancia.

Esquema selecto de pago. Al identificar por cuál esquema de pago se inclinan los clientes pueden diseñarse estrategias acordes para lograr la mezcla deseada, como buscar promover otros esquemas con algunos beneficios, alinear la publicidad de estos, etcétera.

Ventas por segmento y producto. El objetivo es utilizar los medios adecuados para atender un prospecto definido.

Conociendo el segmento de mercado que adquiere el

inmueble, así como cuál es el producto de su preferencia, ayuda a dirigir mejor la campaña de publicidad y promover más efectivamente los productos que no están desplazándose de acuerdo al plan.

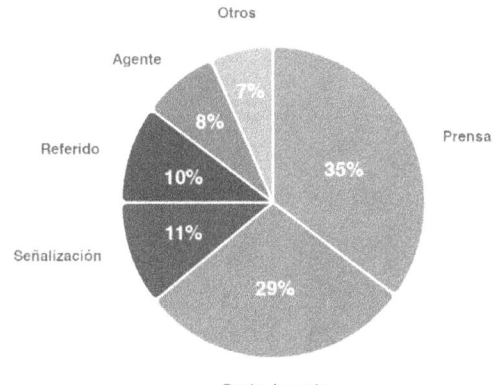

Medición de medios

Efectividad en ventas

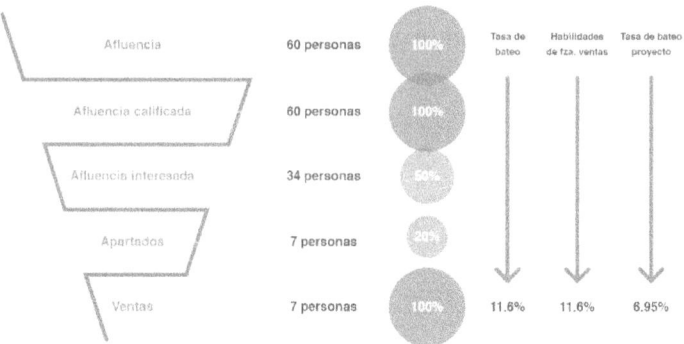

Colocar publicidad como lonas y vallas con la información del proyecto genera expectativa y prospectos.

Otras actividades sugeridas dentro del plan comercial son:

- Organizar un evento el día del lanzamiento del proyecto: por ejemplo, desayuno, comida o cena con los prospectos.
- Citar a una rueda de prensa con los principales medios.
- Reservar unidades estratégicas para etapas de venta posterior.
- Abrir la caseta de ventas (*showroom*) desde la etapa de planeación con el personal capacitado y con las herramientas de venta, negociación y crédito disponibles.
- Involucrar a las instituciones bancarias líderes a participar con capacitación e información para los agentes de ventas sobre los créditos para clientes.

- Actualizar periódicamente la página web y redes sociales.

Análisis del mercado

Durante la fase de gestión comercial, la atención a lo que sucede en el mercado es esencial para renovar las estrategias. Los diferentes componentes y tipologías figuran entre las actividades que se deben analizar periódicamente, sobre todo en los proyectos relevantes y con entrada próxima en el mercado. Esto tiene la intención de conocer el nivel de competitividad del desarrollo propio respecto al precio de las unidades y al valor total y por superficie de sus configuraciones, además de sondear el nivel de calidad y equipamiento de los distintos participantes.

Esta revisión del mercado se complementa con variables como las siguientes:

- Absorción histórica
- Tiempo del proyecto en el mercado
- Absorción del periodo
- Unidades vendidas del periodo
- Unidades totales
- Unidades vendidas en total
- Unidades en inventario
- Precio actual y superficie promedio de unidades disponibles
- Condiciones de entrega
- Acabados y equipamiento ofrecidos
- Funcionalidad de áreas interiores

- Esquemas de financiamiento

Con estas variables se realizan análisis de correlación a unidades en venta comparables y tipologías de la competencia directa. Con el apoyo de gráficos y fundamentos, se toman decisiones que puedan afectar a la estrategia comercial actual e incluso a otros factores como los esquemas de precio y financiamiento.

Otra estrategia valiosa es mantenerse alerta para detectar oportunidades de diferenciación y posicionamiento en el mercado como, por ejemplo:

- Posibilidad de servir a algún nicho de mercado desapercibido
- Segmentos con poca oferta en el mercado según sus requerimientos
- Soluciones comerciales desatendidas
- Nuevos diferenciadores demandados por los compradores
- Tendencias en el comportamiento de la demanda: producto, precio, funcionalidad...
- Tendencias en esquemas de venta y financiamiento
- Tendencias en canales de venta, incluyendo herramientas digitales

Todos estos análisis deberán orientarse por el tipo de proyecto y el componente especifico. A continuación, una breve explicación de las principales estrategias comerciales:

Estrategia de segmentación. Lograr una definición clara del mercado meta, considerando un dimensionamiento de cada uno de los componentes del proyecto y un análisis cualitativo de las necesidades y preferencias de los compradores potenciales.

Estrategia de diferenciación y posicionamiento. Elaborar una lista de características y atributos diferenciadores, a partir del análisis de mercado. Se definen las soluciones comerciales que acerquen al proyecto a un lugar de competitividad deseable respecto al resto de los jugadores.

Estrategia de distribución. Conformar el plan de los canales de comercialización, incluyendo la sala de ventas y todo espacio de contacto con los prospectos. Aquí se diseña a detalle la experiencia que vivirán los visitantes en las presentaciones del proyecto.

Estrategia de comunicación. Determinar el conjunto de acciones para lograr los objetivos comerciales. Se revisan los factores clave como los segmentos meta, la selección de las herramientas comerciales, el objetivo de la información por transmitir, el presupuesto asignado, la mezcla de medios, la planeación de eventos de relaciones públicas y la medición de su efectividad.

4.3 Administración financiera

La administración de las operaciones entre las áreas se realiza con la revisión, análisis y autorización de las actividades, lo que produce información financiera confiable, puntual y útil para una toma de decisiones oportuna.

Aquí entra en juego la planeación financiera no solo como un modelo de proyecciones que arroja estados financieros e indicadores, sino también como la serie de actividades que se desarrollan principalmente a nivel estratégico y, en menor grado, a nivel operativo. Así, se puede decir que la planeación financiera es un proceso con el que los planes estratégicos y operativos del proyecto se traducen a términos económicos en un tiempo determinado, suministrando información que fundamenta las decisiones estratégicas.

Durante la ejecución del desarrollo, se elaboran y analizan a profundidad los reportes financieros de forma mensual. Se recomienda también que sean conciliados con un despacho contable externo.

De entre ellos destacan los siguientes:

- **Estado de resultados** (mes y acumulado)
- **Balance general**
- **Flujo de efectivo** (mes y acumulado)

Tales ejercicios arrojan indicadores clave que se deben cotejar con el plan de inversión (capítulo 3). A continuación, algunos de los más relevantes.

Estado de resultados
- Margen de ventas (por unidad y acumulado)
- Costo de ventas vs. presupuesto

Flujo de efectivo
- Origen de los recursos del proyecto (capital, deuda, preventas)
- Mezcla de financiamiento vs. plan
- Ingresos, egresos y remanente por periodo

Balance general
- Estado actual de activos, pasivos y cuenta

Activos
- Nivel de cartera
- Anticipos a contratistas
- Dinero en caja y bancos
- Impuestos a favor
- Inventario en proceso

Pasivos
- Nivel de deuda a proveedores y acreedores
- Nivel de deuda a bancos
- Fondos de garantía (contratistas)

Capital
- Acumulado de capital de los socios

Anexos del balance general
- Saldos por clientes y proveedores
- Detalle de fondos de garantía
- Cuentas de inventario en proceso (estimaciones menos descargas al costo de ventas)

Enfoque del análisis financiero

Conocer el rendimiento esperado, los niveles de liquidez y el progreso financiero en general actúa en favor de una mejor administración de los recursos a través de acciones como las siguientes.

Aplicación	Propósito
Decisiones de estructura financiera	Evaluar la estructura financiera en cuanto al nivel de apalancamiento y clase de pasivos. La liquidez es la capacidad de generación de efectivo para cumplir el pago de capital e intereses.
Decisiones de inversión	Evaluar la rentabilidad y liquidez del proyecto, enfocado a la generación de utilidades y recursos.
Evaluación de la empresa	Determinar las fuerzas y debilidades de la empresa para la toma de decisiones operativas.
Evaluación de la planeación	Proporcionar elementos para determinar el razonamiento y confiabilidad de las cifras proyectadas y por lo tanto aprobar el plan.

Estos son los principales beneficiarios de la información financiera de un proyecto:

Cliente	Propósito
Dirección del proyecto	Objetivo de planear, controlar y evaluar el proyecto. Tomar decisiones sobre su rumbo.

Socios inversionistas	Rentabilidad y liquidez. Evaluar y tomar decisiones de inversión y sobre la administración del desarrollo.
Bancos	Estructura financiera. Otorgamiento de crédito y evaluación de liquidez.
Gobierno	Determinar utilidad para pago de impuestos.

Gestión de cartera

El seguimiento a los clientes implica una buena administración del flujo de efectivo. Para cultivar salud financiera, se debe monitorear de cerca que cada uno de ellos cumpla con su plan de pagos y generar un reporte del comportamiento de la cartera en general. Entre los indicadores críticos se encuentran:

- Montos de cobranza mensual versus plan
- Porcentaje de cobranza versus precio de venta
- Porcentaje de incumplimiento
- Cartera vencida total y específica por periodo de tiempo (0-30, 30-60, 60-90 y mayor a 90 días)

Con base en estos indicadores y en las políticas del proyecto, se toman las acciones correspondientes de gestión y cobro. Para una mejor planeación del requerimiento de flujo, se lleva también un pronóstico de cobranza por cada cliente y de la cartera total.

Proyecciones

La creación de proyecciones en distintas áreas ayuda a seguir la pista de los indicadores. El pronóstico de ingresos se ajustará cada mes con base en el comportamiento histórico de cierres de venta, y se realiza tanto en número de unidades como en superficie vendible. Los reportes financieros proyectados se obtienen a partir de los pronósticos de ingresos y cobranza, además del programa de erogaciones de costos y gastos.

Los reportes de proyecciones adquieren más certeza con el avance y comportamiento del desarrollo, lo que da pie a conocer la efectividad de los indicadores clave, críticos para la toma de decisiones.

Es también indispensable llevar un registro y monitoreo del capital de los socios inversionistas, pues servirá para proyectar los rendimientos sobre capital (ROE) y tasa interna de retorno (TIR) (capítulo 3) en función del tiempo de sus aportaciones y retiros.

Fuentes para realizar proyecciones:

- **Ventas.** Ventas históricas, plan de precios, proyecciones
- **Administración.** Control presupuestal, programa de erogaciones, estados financieros, cartera actual y proyectada
- **Dirección.** Fuentes de capital, plan de *marketing*, cambios planeados

Por lo general, poco antes de iniciar la construcción, se solicita un crédito puente a instituciones bancarias, según la estrategia de capitalización. Este crédito, usualmente de mediano plazo, se otorga según las condiciones del mercado y el tipo de desarrollo, pero puede llegar a ser de hasta 60 por ciento o más del valor del proyecto. El monto también dependerá de las condiciones económicas del crédito en el país y el riesgo del desarrollo. Los anticipos que los bancos suelen otorgar son de alrededor del 20 por ciento y sirven para hacer frente a los compromisos de obra y a los posibles incrementos de los costos de materiales. Luego del anticipo, se dan ministraciones de acuerdo con el avance de la obra. Las tasas de interés varían según el proyecto sobre la tasa de referencia; por ejemplo, la TIIE, que le agrega de dos a cinco puntos porcentuales.

Entre los requisitos de información solicitados figuran:

- **Carpeta legal.** Los documentos legales de la empresa y el proyecto. Incluyen escrituras constitutivas con poderes y datos de registro, altas ante SAT, IMSS, etcétera, título de propiedad del terreno, permisos y licencias, factibilidad de servicios, boletas de predial, entre otros.
- **Carpeta técnica.** Planos arquitectónicos, de lotificaciones, estructurales y de ubicación, licencias, reportes de factibilidades de servicios, entre otros.
- **Carpeta financiera.** Información financiera histórica de la empresa, así como los flujos de efectivo y estados financieros actuales y proyectados.

Al otorgar el crédito puente, la institución financiera suele solicitar la garantía del terreno y disminuir su riesgo, ya que para tal fecha existe un capital invertido por los socios, además de otros mecanismos de garantía como fianzas, avales u obligados solidarios, requisitos de posición financiera, entre otros.

Las garantías adicionales requeridas, así como el costo de comisiones e interés cobrado, van en función del riesgo del proyecto y experiencia y solvencia financiera de las empresas responsables.

4.4 Administración de obra

Administrar eficientemente la ejecución significa un buen manejo de información y control de la obra, desde su origen hasta su término. Al final de la planeación se concursan las especialidades requeridas en la obra y se asignan los trabajos a los contratistas.

En la etapa de ejecución se atiende cada contrato, asegurando la calidad y el cumplimiento a tiempo de los trabajos. Asimismo, en la construcción cobran mucha relevancia las herramientas de administración de proyectos (capítulo 3), que incluyen gestión de la comunicación, tiempo, costo y calidad, entre otras.

Algunas actividades por atender durante la administración de la obra son:

- Asegurar que los costos se mantengan dentro del presupuesto base y el proyecto se concluya en tiempo.
- Evaluar periódicamente el desempeño de los contratistas, subcontratistas y demás profesionistas que participen en la obra; prever omisiones, sustituciones, defectos o deficiencias encontrados en su trabajo; cerciorarse de que estén debidamente inscritos y al corriente con el IMSS e Infonavit, además de asegurar la vigencia de los seguros de responsabilidad civil y cobertura contra todo riesgo.
- Identificar semanalmente la ruta crítica de cada contratista dentro del programa maestro, a fin de evitar desfases e implementar métodos correctivos. Se deben revisar exhaustivamente los tiempos de cada contratista y los retrasos deben ser penalizados según las leyes y cláusulas contractuales.
- Supervisar los posibles conflictos entre contratistas para resolverlos a tiempo y mitigar su impacto sobre el proyecto.
- Monitorear la calidad de los trabajos e informar al arquitecto o especialista sobre cualquier desviación respecto a los planos y estándares respectivos.
- Integrar dentro de un solo sistema la administración de contratos, los estados de cuenta, las estimaciones de obra, el control presupuestal y el control de cambios, de modo que se puedan gestionar las fechas de inicio y de terminación, los plazos vencidos, el control de fianzas, seguros, etc.
- Establecer una plataforma en la que todos los involucrados actualicen y reciban información para evitar retrasos por falta de comunicación.

Otras variables clave de esta etapa incluyen conocer el avance de la obra en tiempo y mantener motivado y comprometido al equipo asignado. Durante el desarrollo de la obra pueden surgir gastos inesperados por diferentes razones. Se recomienda llevar un registro de ellos y asignarlos a la partida de contingencias (imprevistos).

La idea es limitar dicho rubro cuanto sea posible y verificar que nunca se exceda el monto presupuestado para él. En caso contrario, los costos se extraen ahorrando en otras partidas del presupuesto base. En los recorridos de supervisión, se verifican el avance y la calidad de los servicios contratados. Los hallazgos se documentan en una minuta con fecha y reportes fotográficos que luego se distribuye entre los responsables involucrados.

Administración de proveedores

Todos los especialistas que intervienen en el desarrollo deberán firmar una orden de trabajo (para montos menores) o un contrato, según las estrategias para cada uno. Los contratos suelen ser de estos tipos: precio alzado, precios unitarios, precio máximo garantizado o por administración.

En la siguiente tabla se describen.

Precio alzado. El cliente y el contratista fijan un precio total basado en un alcance completamente definido mediante planos, especificaciones y normas aplicables.

Precios unitarios. El cliente y el contratista acuerdan un catálogo de conceptos y precios fijos por unidad de concepto terminado. El precio unitario se integra con los costos directos correspondientes al concepto del trabajo, los costos indirectos, el costo por financiamiento y la utilidad del contratista.

Precio máximo garantizado (GMP). El cliente y el contratista determinan un precio máximo garantizado igual o inferior al presupuesto objetivo establecido al inicio. Las obras se contratan y ejecutan bajo el sistema de libro abierto, en el que el cliente tiene acceso a las ofertas, contratos y estimaciones de los subcontratistas. Ya finalizadas las obras, si el precio máximo garantizado ha sido excedido, el contratista asume el sobrecosto.

Costo más margen (administración). El cliente y el contratista acuerdan los trabajos por ejecutar y el cliente cubrirá el costo más un porcentaje de indirectos y utilidad previamente convenido.

Se debe diseñar un plan de administración para el manejo del flujo de efectivo, facturación y pagos. Este proceso se comunica oficialmente a todos los involucrados y ha de cumplirse a cabalidad. Se sugiere tener una cuenta concentradora del proyecto, con un fondo de contingencia que opere de manera revolvente, es decir, que mantenga cierto monto por su duración total.

Manejo de anticipos
El pago de anticipos a los proveedores y contratistas se realiza según normas antes acordadas para una administración efectiva. Tanto su amortización como la administración de sus fianzas deben cubrir posibles quebrantos durante la ejecución de los trabajos.

Es sumamente importante verificar la calidad crediticia de los contratistas y proveedores antes de invitarlos a ser parte del proyecto.

Secciones típicas de un contrato
Algunos elementos imprescindibles en los contratos de obra:

- Alcance del servicio
- Cantidad y forma de pago
- Retenciones por fondo de garantía
- Fecha de inicio y conclusión de los trabajos
- Especificaciones y calidad de los trabajos
- Provisión y especificaciones de los materiales
- Medidas de seguridad
- Garantías
- Penas por incumplimiento

- Seguros y fianzas

Las órdenes de trabajo, contratos y fianzas se firman por todos los involucrados antes de iniciar cualquier actividad. Se recomienda fijar metas claras y pagar en función de su cumplimiento.

Control presupuestal

Durante la ejecución se administra de forma diligente el presupuesto base, resultado de la fase de planeación y aprobado previamente por el comité directivo del proyecto.

A continuación, se mencionan las clasificaciones del presupuesto base que permiten monitorear su comportamiento en el tiempo.

Presupuesto actual proyectado. Presupuesto pronosticado a la fecha y, a reserva de cambios, de cómo terminaría el proyecto.

Contratado a la fecha. Partidas del presupuesto ya formalizadas mediante un contrato, por lo que tienen un grado de certeza en su valor.

Por contratar. Partidas presupuestales aún no

contratadas.

Estimado a la fecha. Trabajos ejecutados por los contratistas involucrados.

Pagado a la fecha. Trabajos realizados por los contratistas involucrados.

Por pagar contratado. Saldo por pagar en los contratos pactados en determinado momento.

Por pagar proyectado. Diferencia entre el valor del presupuesto proyectado y lo pagado a la fecha.

4.5 Reportes de resultados

Con la elaboración mensual de reportes de resultados, los indicadores de las actividades de cada área se alinean a la visión y estrategia del proyecto. Su uso mejora la comunicación interna y externa, lo que permite seguir de cerca el desempeño de la estructura del proyecto y su comparación con los resultados estratégicos.

En muchos casos, la compensación del equipo de desarrollo está ligada al desempeño mediante el pago de incentivos de éxito o *promotes*. Estos generalmente se entregan al final del proyecto o al alcanzar ciertos hitos según el cumplimiento de los indicadores basados en la tasa interna de retorno (TIR) o retorno sobre capital (ROE).

Durante el desarrollo se recomienda celebrar reuniones mensuales con el consejo directivo para revisar los reportes de resultados. En dichos reportes se incluye un resumen del avance e indicadores de las diferentes áreas con al menos los siguientes temas:

- **Reporte comercial** con los informes de cumplimiento de ventas, precios de cierre, mezcla de producto, resultado de publicidad, afluencia de prospectos, etcétera

- **Reportes financieros,** incluyendo el estado de resultados, balance general y flujo de efectivo, en estatus actual, acumulado y proyectado
- **Control presupuestal**
- **Reporte de cartera:** por cliente, clasificación en tiempo, etcétera
- **Capitalización, nivel de financiamiento, preventas,** etcétera
- **Diseño, ingenierías y construcción:** seguimiento al programa, incluyendo un reporte fotográfico del avance del proyecto, cambios, aditivas, etcétera
- **Proyecciones financieras** de cada reporte: **estado de resultados y flujo de efectivo**
- **Tablero de indicadores clave por área** (cuadro siguiente)

Tablero de indicadores

	Mes			Acumulado			Proyecto
	Real	Real	Variación	Real	Real	Variación	Total
Rentabilidad							
Margen bruto	30.91%	31.82%	-0.91%	25.49%	25.48%	0.01%	28.20%
UAFIR	22.48%	25.08%	-2.61%	18.95%	18.44%	0.51%	22.10%
Utilidad neta	13.71%	21.19%	-7.48%	14.49%	12.86%	1.63%	19.20%
R O A	n/a	n/a	n/a	24.10%	21.56%	2.54%	26.75%
R O E	n/a	n/a	n/a	32.86%	29.39%	3.47%	64.27%
T I R	n/a	n/a	n/a	n/a	n/a	n/a	31.73%
Métricos de ventas							
Unidades	1	2	-1	76	67	9	
Ventas totales	$2,739	$10,232	-$7,493	$168,416	$169,710	-$1,294	
Eficiencia en venta	26.8%	100%	-73.2%	99.2%	100%	-0.8%	
Promedio mensual unidades	2.0	2.0	0.0	2.7	2.5	0.2	
CFM promedio retraso ventas	$62	$ -	$62	$11	$ -	$11	
Métricos de cobranza							
Total cobranza	$4,544	$11,517	-$6,973	$135,258	$152,001	$16,743	
Eficiencia en cobranza	39.5%	100%	-60.5%	89.9%	100%	-11%	
Cartera vencida ($)	n/a	n/a	n/a	$2,137	$1,658	$479	
Cartera vencida (%)	n/a	n/a	n/a	6.4%	5.0%	1.4%	
Num. clientes en cartera	1	2	-1	65	67	-2	
CFM promedio retraso cobranza	$58	$ -	$58	$140	$ -	$140	
Métricos de publicidad							
Publicidad CU/venta	$65.78	$81.25	-$15.47	$39.78	$53.45	-$13.67	
Unidades por vendedor	$ -	$ -	$ -	$ -	$ -	$ -	
% Publicidad/ventas	2.4%	1.6%	0.8%	1.8%	2.1%	-0.3%	
Metrica obra/gerencia							
Plan total costos	n/a	n/a	n/a	$208,225	$183,000	$25,225	
% variación	n/a	n/a	n/a	113.8%	100%	13.8%	
Total egresos/flujos (miles)	$5,220	$8,883	-$3,663	$177,082	$202,858	-$25,777	
Fecha terminación obras	n/a	n/a	n/a	OCT 18	OCT 18		

Tablero de indicadores

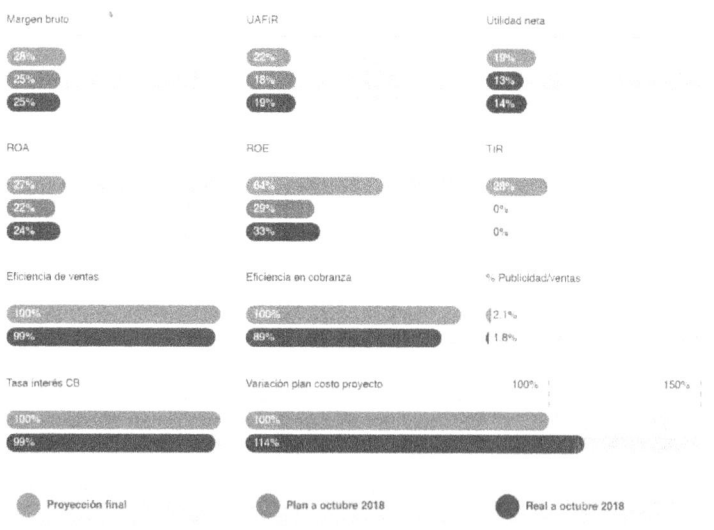

Proyección final   Plan a octubre 2018   Real a octubre 2018

4.6 Cierre de proyecto

Al término, se verifica que la ejecución de cada contratista esté a la altura del alcance, las especificaciones y los estándares acordados. El contratista debe dar aviso oficial de la culminación de su trabajo a la gerencia de obra o empresa responsable de la supervisión. El responsable del control de calidad generalmente supervisa la entrega y calidad de los trabajos ejecutados (incluyendo las cuentas de aditivas y deductivas). De haber errores o faltantes, emite una lista de conclusión de faltantes (*punch list*). El deber de los contratistas es cumplir con los requisitos de terminación estipulados en su contrato. Aquí también es fundamental obtener de ellos los manuales de operación y mantenimiento con las especificaciones de las instalaciones y los planos *as-built*.

El desarrollador, por su parte, proporciona al comité directivo un resumen global de los costos efectuados y la conciliación completa del presupuesto base, incluyendo un desglose de los estados de cuenta de cada contratista y proveedor. Tras los trabajos de los contratistas, se continúa con los procedimientos de cierre técnico y cierre administrativo.

Cierre técnico

Una vez que la lista de pendientes para la conclusión de los trabajos se haya verificado y autorizado por el responsable de calidad y administración de obra, se realiza un cierre técnico.

El contratista entrega los manuales correspondientes, garantías de los equipos instalados, constancias de capacitación y los planos *as-built*. Se verifica que los manuales concuerden con las especificaciones del contrato; también se revisa que las garantías de los equipos estén vigentes y que la capacitación de los proveedores al personal de administración y mantenimiento del inmueble sea suficiente para el manejo de ellos.

En esta fase también hay que cerciorarse de que los cambios experimentados durante el desarrollo de los trabajos estén bien documentados y reflejados en los planos *as-built*. En cuanto se alisten los documentos técnicos, se procede al cierre administrativo.

Cierre administrativo

Aquí se revisa puntualmente, y para cada uno de los contratistas, el estado de control contractual. En caso de diferencias con los involucrados, estas se deben conciliar. Una de las acciones de esta fase es verificar que el control contractual coincida en todo momento con las estimaciones, órdenes de cambio (si hubiera) y facturas, y que el contrato, fianzas y seguros se encuentren vigentes. Ya conciliado el estado de cuenta con cada proveedor o contratista, se obtiene el saldo por liquidar, las posibles estimaciones pendientes, el fondo de garantía, la cuenta de amortización del anticipo, multas por aplicar, entre otras. Tras el acuerdo entre las partes y la recepción de los documentos (ver siguiente lista), se firma el convenio de terminación. Este documento deberá concordar con el contrato firmado al inicio de los trabajos.

Documentos que se reciben del proveedor del servicio o contratista:

- Fianza
- Carta de no adeudo y papelería del Instituto del Seguro Social
- Convenio de finiquito con el sindicato
- Contrato
- Estado de cuenta analítico de pagos
- Estado de cuenta de deductivas y cargos

Cuando el administrador de obra cuente con el convenio de terminación autorizado por las partes, se da aviso a la afianzadora responsable para que cancele las pólizas de anticipo y de cumplimiento, y se inicia la gestión de la póliza por vicios ocultos, que generalmente tiene una duración de un año después de concluidos los trabajos.

Ya firmado el convenio de terminación, se libera el pago del fondo de garantía. El contratista o proveedor también entrega planos, garantías, capacitaciones y demás información para la administración del inmueble.

Entrega de información del proyecto

Así como se realizan los cierres técnico y administrativo, es importante que el desarrollador reúna toda la información relevante del proyecto para coordinar su entrega a los socios inversionistas. Esta debe ser conciliada para reflejar las últimas modificaciones. Se recomienda que la entrega sea en forma digital y, en los casos de permisos y licencias, en los documentos oficiales emitidos por las dependencias.

Información que debe ser entregada y archivada en expediente:

- Modelo financiero final
- Estatus de escrituraciones
- Estatus de ventas
- Control presupuestal
- Control contractual
- Régimen y planos arquitectónicos
- Planos arquitectónicos *as-built*
- Fotografías del proyecto
- Documentos de trámites legales, originales
- Documentos de trámites y permisos, originales
- Información técnica del proyecto
- Estatus de modificaciones y *check list* en proyecto
- Áreas no vendidas o entregadas a usuarios finales

Al final se firma un acta de entrega a inversionista: un documento que formaliza el traspaso de información solicitada por el inversionista y que desobliga al desarrollador de cualquier pendiente de este tipo en el futuro.

Durante la ejecución y al término del proyecto, es recomendable documentar las lecciones aprendidas por el equipo de desarrollo, para que sirvan como experiencia para futuros emprendimientos.

4.7 Escrituraciones

La escrituración de unidades es un proceso sumamente importante en el caso de proyectos de venta. Implica varias actividades clave como la liberación del crédito puente y, en el caso de los clientes, cumplir con los requisitos para que puedan tramitar su crédito hipotecario individual.

Para coordinar estas funciones, el desarrollador y los responsables del área comercial designan a un equipo que se aboca a tareas como las siguientes:

- Revisar que se cuente con toda la información del cliente y de la unidad por escriturar.
- Tramitar con el banco que la unidad esté libre de gravamen.
- Elaborar con la notaría seleccionada el proyecto de compraventa con todos los requisitos necesarios.
- Obtener, en su caso, el visto bueno del instituto fiduciario y banco.
- Cubrir el pago del remanente de la unidad por parte del cliente.
- Escriturar la compraventa ante notario.
- Entregar la unidad al cliente.

Si el plan no se cumple según las expectativas de tiempo, se corren riesgos como estos:

- Incrementar el costo financiero (mayores intereses) con el crédito puente, ya que se tardaría más en liquidar.

- Al no escriturar las unidades, el pago por el mantenimiento del inmueble podría recaer sobre los inversionistas.
- Incurrir en otros gastos como los impuestos prediales de las unidades no escrituradas.

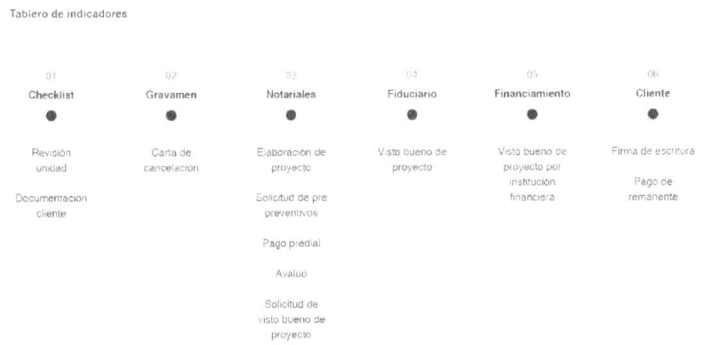

Tablero de indicadores

4.8 Conclusión del capítulo 4

El desarrollo de un proyecto inmobiliario implica habilidades gerenciales que aseguren el cumplimiento de tiempos y presupuestos, y posibiliten etapas de comercialización efectivas.

La planeación financiera es fundamental, pues traduce los planes estratégicos y operativos a términos económicos, además de que suministra información relevante para atraer y retener inversionistas. Cabe recordar que, en la concesión de un crédito puente, las instituciones bancarias analizan factores como el riesgo del proyecto y la solvencia de las empresas involucradas, a fin de fijar las garantías, las comisiones y las tasas de interés por cobrar.

Una buena comercialización facilita la salud financiera, por lo que es necesario enfocar los esfuerzos de promoción y adquirir una fuerza de ventas efectiva. Entre las actividades de administración de una obra se contempla la identificación de la ruta crítica de cada contratista para evitar desviaciones y retrasos respecto al programa maestro, lo que impacta los aspectos financieros y comerciales de un proyecto.

Finalmente, cabe remarcar que los cierres técnico y administrativo anteceden a la etapa de administración del inmueble.

Capítulo 5
Operación y cierre

Organizador temático

5.1 Actividades posteriores al cierre
Postventa

5.2 Administración del inmueble
Preoperación
Aspectos jurídicos y reglamentos
Presupuesto de operación
Cuotas de mantenimiento y fondo de reserva
Responsabilidades del administrador
Principales problemáticas
Herramientas de gestión
Vida en comunidad

5.3 Cierre financiero
Distribuciones de rendimientos
Incentivos de éxito (modelo cascada)
Salida institucional

5.4 Conclusión

5.1 Actividades posteriores al cierre

Al aproximarse la conclusión de la obra, entra en juego la empresa o el personal encargado de la administración del inmueble.

Si no se involucró al administrador desde la etapa de diseño, lo ideal es que sí intervenga antes de terminar la construcción, con miras a lograr una transición fluida entre la entrega y la operación y el funcionamiento del inmueble.

Es crucial que el conocimiento del proyecto, sus equipos y áreas comunes se traslade al equipo de administración y mantenimiento de una manera ordenada.

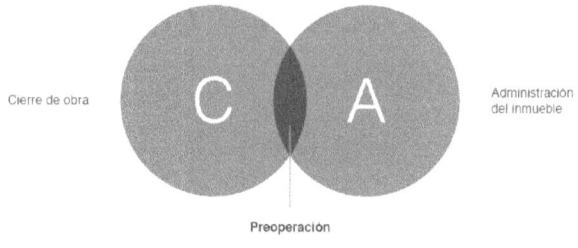

Estas son actividades fundamentales en el pase de estafeta al administrador del inmueble:

- Entrega y recepción de los planos *as-built* y, en su caso, del modelo volumétrico digital del proyecto.
- Entrega y recepción del directorio y padrón de los proveedores y contratistas que intervinieron en el desarrollo.
- Realizar un calendario de las entregas de los espacios, instalaciones y pruebas de los diferentes equipos.
- Efectuar sesiones de capacitación con el personal de la administración y mantenimiento sobre la operación y cuidado de los equipos e instalaciones.

Postventa

Como proceso posterior al cierre de la venta y entrega de unidades, en esta etapa se resuelven los problemas relacionados con las áreas privativas de los clientes y los espacios comunes del inmueble, para lo cual es importante considerar herramientas que faciliten una adecuada comunicación y seguimiento.

La calidad en la postventa conlleva un fuerte compromiso de cumplimiento de los servicios prestados directamente por el desarrollador y los distintos proveedores. Por cierto, si la empresa mantiene un adecuado registro e implementación de sistemas en relación a estas funciones, será capaz de diseñar y ejecutar mejores proyectos en el futuro (lecciones aprendidas).

Los clientes deben vivir una gran experiencia no solo durante el proceso de la venta, sino también luego de ella, por lo que el equipo desarrollador debe ocuparse en crear ambientes que excedan sus expectativas en todo momento.

El compromiso debe nacer desde la entrega del servicio en el tiempo acordado, además de verificar que este se realice con los mejores estándares de calidad.

Para una efectiva estrategia de servicio se emplean sistemas de información que lleven un mejor control del proceso. Tal como utilizamos un sistema de CRM en la etapa de ventas, una plataforma de atención al cliente en la postventa es esencial para optimizar y monitorear el servicio.

5.2 Administración del inmueble

La administración de inmuebles (*property management*) es una actividad importantísima en la industria. Su objetivo fundamental es conservar y mantener el valor de la propiedad en el tiempo, mediante una administración profesional y una gestión efectiva del mantenimiento de las áreas comunes y equipos.

En el caso de propiedades en arrendamiento, la meta es conservar o incrementar el valor de la propiedad en el tiempo de acuerdo con su ingreso operativo neto (*net operative income*, NOI). Esto se consigue con varias estrategias, entre ellas el incremento a los ingresos obtenidos por arrendamiento u otros servicios o el ahorro en los costos de operación.

La administración ha de contar con el personal adecuado para la clase y el tamaño del inmueble. Abarca varias disciplinas, lo que asegura la funcionalidad en el ambiente del inmueble y la integración de sus habitantes. Estas son las principales:

- **Administración:** relacionada con el establecimiento del plan y presupuesto operativo, así como su correcta dirección y gestión.
- **Mantenimiento:** plan y gestión del mantenimiento preventivo y regular de las áreas, instalaciones y equipos del inmueble.
- **Arrendamiento:** las actividades relativas a lograr un nivel adecuado de ocupación e ingresos por rentas.
- **Comercialización:** acciones para el posicionamiento del inmueble en el mercado y la atracción de inquilinos potenciales.

Entre las responsabilidades clave de la administración de inmuebles se encuentran:

- Operación diaria
- Relación con inquilinos y propietarios
- Seguridad del inmueble y sus ocupantes
- Reportes financieros al comité de vigilancia
- Mantenimiento preventivo, predictivo y correctivo de instalaciones y equipos
- Comercialización de espacios disponibles

Preoperación

Es indispensable que la administración del inmueble inicie desde la concepción del diseño, de suerte que el arquitecto responsable adapte el proyecto a las necesidades de operación futuras. En la primera etapa de preoperación del inmueble se verifican temas como los siguientes:

- Ubicación del equipo de administración y mantenimiento. El administrador debe estar al alcance de los habitantes para facilitar la comunicación y la supervisión de las actividades del inmueble, como ocurre comúnmente en los hoteles.
- Localización de las posiciones de seguridad, casetas, cuarto de control, equipos, etcétera.
- Logística en el manejo de desechos, incluyendo la posición de los contenedores de basura.
- Recorrido específico de las instalaciones para su mantenimiento, incluyendo el acceso a azoteas y limpieza de fachada.

Una vez aclarada la definición de los espacios, sin olvidar sus áreas comunes y programa de amenidades, el responsable de la administración debe elaborar o participar en los siguientes documentos:

- **Régimen de condominio**
- **Reglamentos de operación**
- **Reglamentos de construcción**
- **Contratación de personal (seguridad, limpieza, etc.)**
- **Presupuesto operativo**
- **Cuota de mantenimiento**
- **Detalles constructivos de cada unidad del inmueble**

En general, conservar una propiedad en buen estado durante su ciclo de vida genera gran valor para los propietarios y beneficia la calidad de vida de sus usuarios.

Aspectos jurídicos y reglamentos

Atender los asuntos jurídicos significa regular la operación y fomentar una convivencia sana, ordenada y agradable entre los habitantes.

En el caso de los condominios existen disposiciones y normas estatales que influyen en los reglamentos de operación. Aunque estos últimos suelen ser diseñados a la medida del inmueble, lo cierto es que siempre deben apegarse a las leyes gubernamentales.

La constitución de un régimen de propiedad en condominio incluye toda la información relacionada con el inmueble. Ahí se describe cada una de sus áreas comunes y privativas, además del reglamento de operación.

Régimen de condominio
Es el documento jurídico que regula las actividades dentro del condominio como el pago de las cuotas ordinarias y extraordinarias de mantenimiento, uso de las áreas comunes, modificaciones a las edificaciones y las reglas de convivencia entre condóminos.

En resumen, la ley establece que la asamblea general de condóminos es el órgano supremo y las decisiones que regulan el inmueble se toman por mayoría.

Las asambleas pueden ser ordinarias o extraordinarias. En las primeras se debe autorizar el estado que guarda la administración, así como los programas de mantenimiento preventivo o correctivo del condominio. Entre las funciones de la asamblea está el nombramiento del comité de vigilancia y el administrador del inmueble.

Algunos asuntos clave que se resuelven en una asamblea ordinaria de condóminos son:

- Nombrar, ratificar o remover libremente al administrador y determinar sus honorarios.
- Delimitar las responsabilidades del administrador frente a terceros, con motivo del desempeño de su cargo.

- Examinar y, en su caso, aprobar el presupuesto anual de gastos ordinarios de administración y mantenimiento del condominio.
- Establecer el monto de las cuotas que constituyen los fondos destinados a los gastos de mantenimiento, operación, administración y el de reserva.
- Fijar el monto, plazo y forma de pago de las cuotas ordinarias a cargo de los condóminos y aprobar la constitución de fondos de reserva que sean necesarios.
- Examinar y, en su caso, aprobar las cuentas del cierre del ejercicio anual presentado por el administrador.
- Decidir los seguros con cobertura amplia que el condominio debe contratar. Se recomienda incluir el aseguramiento grupal de las unidades en condominio para garantizar la cobertura de responsabilidad civil cruzada.
- Nombrar y retirar total o parcialmente a los miembros del comité de vigilancia.

Los siguientes son asuntos de una asamblea extraordinaria:

- Modificar la escritura constitutiva y reglamentos.
- Aprobar la reconstrucción del condominio en caso de destrucción, ruina o vetustez.
- Cambiar el destino general del régimen en propiedad del condominio.
- Avalar la extinción o modificaciones sustanciales del régimen de propiedad en condominio.
- Fijar las aportaciones extraordinarias para las áreas y bienes comunes generales del condominio.

Comité de vigilancia

El comité de vigilancia del inmueble se integra por los mismos condóminos y se elige en las asambleas. Representa a los condóminos y supervisa directamente al administrador en el cumplimiento de sus obligaciones. A continuación, algunas de las funciones de este comité:

- Vigilar el cumplimiento de las disposiciones de la ley, reglamento y resoluciones adoptadas en asambleas.
- Cerciorarse de que el administrador cumpla con los acuerdos y con una buena gestión administrativa.
- Constatar las inversiones de los fondos de mantenimiento y reserva, y vigilar el manejo de los recursos del condominio.
- Resolver los asuntos que excedan las facultades del administrador y que no sean propiamente de la asamblea.
- Coadyuvar con el administrador en la comunicación y observaciones por parte de los condóminos, así como en la aplicación de normas generales que se dicten en los reglamentos respectivos.

Presupuesto de operación

Un tema relevante de las funciones del administrador es la elaboración del presupuesto anual para la operación del inmueble. En él se detallan los rubros de egresos y la proyección de estos para el periodo anual. Para proyectos de usos mixtos con diferentes componentes, este se deberá realizar para cada uno de ellos.

El presupuesto de operación se debe conciliar con el comité directivo de vigilancia y recibir el visto bueno en la asamblea de condóminos. De este se derivan las cuotas de mantenimiento correspondientes por aplicar en un periodo determinado.

Ejemplo. Presupuesto de operación

Concepto	Cantidad	Unitario	Subtotal	Anual
Servicios				
Energía eléctrica	1	40,000	40,000	556,800
Gas	1	2,800	2,800	38,976
Agua y drenaje red	1	19,000	19,000	264,480
Televisión por cable	2	800	600	16,704
Telefonía	3	1,000	1,000	41,760
Subtotal de servicios			66,000	918,720
Operativos				
Artículos de limpieza	1	6,000	6,000	83,520
Seguro del inmueble	1	9,000	9,000	125,280
Papelería	1	500	500	6,960
Legales	2	375	375	10,440
Honorarios de servicios	1	26,000	26,000	361,920
Auditoría	1	2,500	2,500	34,800
Gastos financieros	1	500	500	6,960
Subtotal de operativos			45,250	629,880
Personal				
Administrador	1	29,000	29,000	389,760
Servicio al cliente	0	18,000	-	-
Jefe de mantenimiento	1	17,500	17,500	243,600
Auxiliar de mantenimiento	0	14,000	-	-
Elementos de seguridad	3	28,000	84,000	1,169,280
Supervisor de intendencia	1	-	-	-
Elementos de intendencia	8	8,000	64,000	890,880
Jardinero	2	10,000	20,000	278,400
Subtotal personal			214,500	2,971,920
Mantenimiento equipos y refacciones				
Limpieza de fachada	1	5,500	5,500	76,560
Elevadores	4	4,000	16,000	222,720
Equipos gimnasio	1	1,107	1,107	15,409
Detección de incendios	1	5,000	5,000	69,600
Hidroneumático	1	3,700	3,700	51,504
Alberca	1	3,500	3,500	48,720
Aire acondicionado	1	2,000	2,000	27,840
Planta de emergencia	1	2,300	2,300	32,016
Subestación	1	500	500	6,960
Recolección de basura	15	230	3,450	48,024
Áreas verdes	1	500	500	6,960
Fumigación	1	5,000	5,000	69,600
Imprevistos	1	5,000	5,000	69,600
Subtotal mantenimiento equipos y refacciones			53,557	745,513
Mantenimiento equipos y refacciones			379,307	5,266,033

Cuotas de mantenimiento y fondo de reserva

Las cuotas de mantenimiento aplican a los gastos de operación de áreas comunes en el inmueble y se determinan como parte del presupuesto de operaciones aprobado previamente. Por lo general, los condóminos o usuarios de las diferentes unidades pagan su cuota mensualmente, pero en ocasiones puede haber lugar para otros esquemas de pago.

Existen dos principales tipos de cuotas: las ordinarias y las extraordinarias. Las primeras se relacionan con los gastos del día a día para la operación del inmueble: remuneraciones del personal, mantenimientos regulares a los equipos, pago de servicios públicos, consumibles, entre otros. Las segundas tienen que ver con asuntos mayores de mantenimiento, reposiciones de equipos, agregados o reparaciones mayores a la estructura del inmueble o las áreas comunes.

Es común que se integren al reglamento aportaciones extraordinarias para cultivar un fondo de reserva que haga frente a inversiones y gastos de este tipo en el futuro. La gestión de dichos recursos puede evitar conflictos futuros entre condóminos y habitantes.

Responsabilidades del administrador

Hay dos clases de administradores: el administrador de activos (*asset manager* en inglés) y el administrador de inmuebles (*property manager*).

Un *asset manager* generalmente administra propiedades en mayor cantidad y valor, con un nivel de dirección más estratégico. Toma decisiones en pro de que el valor del portafolio de bienes alcance su máximo potencial.

Un *property manager*, en cambio, administra inmuebles individuales y no necesariamente toma decisiones estratégicas sobre ellas. Observa más bien la operación cotidiana mediante el cumplimiento de planes y presupuestos autorizados por la asamblea o el comité directivo. Sus objetivos son procurar un nivel óptimo de ocupación y un mantenimiento apropiado de sus instalaciones.

A continuación, se listan las responsabilidades generales de un administrador de inmuebles:

- Mantener el inmueble en óptimas condiciones de mantenimiento y funcionamiento.
- Promover la integración, organización y buena convivencia de los vecinos.
- Optimizar el uso de los activos y áreas comunes de la propiedad mediante sistemas y métodos eficientes de gestión.
- En el caso de propiedades en renta, promover las unidades, hacer una buena selección y mezcla de inquilinos confiables.
- Conservar la documentación relacionada con el inmueble.
- Recaudar las cuotas de mantenimiento y los fondos de reserva, así como cuotas de carácter extraordinario.
- Gestionar los gastos que se requieran para el adecuado mantenimiento y administración del inmueble.
- Cuidar que toda actividad se realice en conformidad con las leyes, reglamentos y escritura del condominio.

- Gestionar procedimientos administrativos o jurídicos en contra de los condóminos que incumplan con sus obligaciones o que incurran en alguna violación a las leyes y reglamentos.

El administrador de inmuebles actúa como facilitador entre propietarios e inquilinos, atendiendo los problemas cotidianos en las instalaciones y los diferentes procesos de operación. De entre sus actividades destacan la selección adecuada de proveedores en disciplinas como seguridad, intendencia, jardinería y fumigación, la gestión de cobranza de las cuotas, los seguros del inmueble y el buen funcionamiento de los equipos.

Actualmente, los administradores se apoyan en herramientas y sistemas de información que los ayudan a automatizar funciones como el ordenamiento documental, la administración efectiva de los recursos, la gestión de las órdenes de trabajo, la cobranza de cuotas en línea, la publicación de unidades en inventario y la integración de los usuarios.

Beneficios de una buena administración
Con sus servicios, una empresa administradora puede crear una cultura de convivencia que fomente una mejor calidad de vida entre los usuarios.

Además de mantener el lugar siempre limpio y funcional, influye en la felicidad de sus habitantes creando un sentido de comunidad y cultura en el que la gente desee vivir.

Calidad en el servicio

Se deben instalar estándares que, a través de un conjunto de acciones, logren responder y satisfacer las necesidades de los usuarios.

La administración debe apreciar los requisitos del cliente como fundamentales para su plan de trabajo. Por tal motivo, se debe establecer un método y herramienta de comunicación para enviar y recibir información entre las partes: administración y usuarios.

Es necesario y prioritario que la empresa administradora cumpla los estándares de calidad establecidos y recurra a un sistema de mejora continua que logre la satisfacción de quienes ahí conviven y la estandarización y control de los procesos. Algunos elementos importantes en este sentido son:

- Mantener siempre la **seguridad de los usuarios** e invitados.
- Operar las instalaciones con un alto grado de **eficiencia y productividad**.
- Conservar cada espacio **limpio, impecable y en excelentes condiciones de uso.**
- **Ser claros y transparentes** con la información que los usuarios necesitan del inmueble.

Principales problemáticas

Entre los principales retos en la operación de inmuebles se suelen encontrar algunos como estos:

- **Asuntos financieros:** necesidad de transparencia en la aplicación de recursos e informes a comité y habitantes.
- **Comunicación:** canales abiertos entre los usuarios y la administración.
- **Reglamentos:** aplicación diligente y con criterio.
- **Servicio:** respuesta en tiempo y forma ante las necesidades de los residentes.
- **Cartera:** por falta de pago de cuotas ordinarias y extraordinarios de los condóminos, suele generar problemas en el cumplimiento del plan anual de operación.
- **Fiestas y convivios:** posible desorden y ruido para los demás habitantes.
- **Fallas técnicas:** sistemas que pueden generar problemas en el edificio.
- **Seguros:** cumplimiento de pagos al día y verificar que sean los requeridos por el inmueble.
- **Proveedores:** incumplimiento de responsabilidades y consignas.
- **Modificaciones al inmueble** que se realicen sin el consenso de los usuarios.

Herramientas de gestión

Actualmente, existen en el mercado una serie de sistemas de información que facilitan la administración y la comunicación a usuarios y administradores.

En tales plataformas y *apps* pueden pagar sus cuotas de mantenimiento en línea, reservar áreas comunes, consultar reglamentos e incluso dar acceso a invitados. También, el usuario o comité de vigilancia pueden revisar reportes de la aplicación de los egresos y consumos del condominio de forma muy transparente y al día. Para sacar el mayor beneficio de este tipo de herramientas se requiere mucha disciplina en su utilización y, por lo mismo, se sugiere una capacitación constante para el personal y los condóminos.

Vida en comunidad

Como empresarios, vale la pena ser conscientes de la experiencia humana que resulta de un desarrollo, pues es finalmente lo que representa su uso final.

La vida en un condominio propicia un gran sentido de comunidad. En general, los residentes de este tipo de desarrollos logran una relación más cercana, gracias a actividades que van desde dinámicas pequeñas y cotidianas como compartir la lavandería hasta grandes eventos en la casa club o las áreas comunes.

De estas instalaciones se derivan oportunidades como clases grupales de yoga y demás tipos de ejercicio que sirven también de excusa para relacionarse con el resto de los vecinos. Las actividades varían mucho en función de la segmentación de los inmuebles: desde actividades solo para adultos hasta las que promueven un ambiente más familiar. Tal proximidad también implica su dosis de riesgos como la posibilidad de lidiar con vecinos ruidosos o incumplidos con los reglamentos. Por esto, es importante dejar claras las disposiciones de cada sitio al cliente antes de consumar la venta.

Por sus múltiples beneficios —sociales, logísticos, de seguridad, salud y entretenimiento—, un inmueble de este tipo tiene el potencial de ofrecer a sus habitantes una mejor calidad de vida y, por tanto, valorizarse con el tiempo. De aquí deviene la gran responsabilidad que un administrador tiene en sus manos.

5.3 Cierre financiero

Distribuciones de rendimientos

Una vez que el proyecto llega a su fin y se liquidan los compromisos con acreedores y el banco (crédito puente), se distribuyen los remanentes generados entre los socios y, si fuese el caso, en participación con el desarrollador. Eso sí: es importante descartar que existan compromisos asumidos antes de efectuar los repartos, porque en la etapa de postventa comúnmente surgen gastos imprevistos o pendientes como gastos de mantenimiento de aquellas unidades que no han sido entregadas a los clientes.

Con frecuencia, existen incentivos de éxito para el desarrollador, siempre y cuando cumpla con las metas de rentabilidad esperadas. Estos suelen pagarse mediante un esquema de cascada, tal y como se explica a continuación.

Incentivos de éxito (modelo cascada)

El modelo de cascada, o *waterfall* en inglés, es una manera muy utilizada por los fondos de inversión para motivar al desarrollador a cumplir los objetivos financieros del proyecto y, así, alinear sus intereses con los socios inversionistas.

En este modelo, el desarrollador genera su incentivo una vez que logra un rendimiento preferente sobre el capital invertido de los socios. Este rendimiento se establece desde un inicio en razón de lo que el socio lograría en una inversión libre de riesgo, agregando o no algunos puntos porcentuales según el riesgo del proyecto o ajustándolo de acuerdo con su costo de oportunidad.

El modelo de incentivos establece que, al cubrirse el capital de los socios y el rendimiento preferente, el desarrollador tiene el derecho a cobrar un porcentaje de los excedentes: a esto se le llama el *carried interest*. En términos generales y para fines de ejemplificación, se puede ubicar en un 20 por ciento. Esto quiere decir que, de los remanentes de flujo que primero superen el capital de los socios y después del rendimiento preferente, el desarrollador puede participar en los resultados hasta cobrar un porcentaje equivalente al 20 por ciento.

En resumen, el reparto de flujo sucedería de esta manera:

- **Primero:** se reembolsa el capital aportado por los socios.
- **Segundo:** se paga la totalidad del retorno preferente.
- **Tercero:** el desarrollador recibe el interés pactado como *carry*.

- **Cuarto:** se reparten los remanentes en la proporción pactada, generalmente en un esquema de 80 por ciento para los socios y 20 por ciento para el desarrollador.

Salida institucional

Una estrategia común para un proyecto inmobiliario es que concluya con su venta, por lo general a clientes institucionales como fondos de inversión públicos o privados.

Para que el activo alcance su mayor potencial financiero de cara a esta salida, se deben observar indicadores críticos como los valores de arrendamiento y los gastos de operación, buscando siempre maximizar los flujos durante su periodo operativo.

Además, se debe buscar el momento más preciso para la venta, recordando que la valuación de los activos suele seguir las condiciones de las tasas de interés en el mercado: entre más altas sean, menor el valor del inmueble.

A fin de cuentas, tal como sucede en el mercado de capitales, para determinar el valor de un inmueble es preciso estudiar factores como movimiento de precios, datos económicos, clima del mercado, condiciones de crédito y liquidez.

5.4 Conclusión del capítulo 5

Más allá de ser un último estirón para terminar un proyecto, esta etapa es en sí un proceso de largo alcance. Darla por hecho o no prestarle la atención debida significaría no poder capitalizar todos los esfuerzos anteriores.

Su importancia radica en la necesidad de prestar atención tanto a los clientes como a los inversionistas y socios capitalistas. Los primeros querrán servicios de primera en un entorno seguro y ameno, mientras que los segundos aspiran a recuperar su dinero y generar ganancia conforme pase el tiempo.

El balance entre las exigencias de ambos lados del escritorio será vital para la salud financiera del proyecto.

Conclusiones generales

La guía de desarrollo presentada en este libro resumió en cinco etapas el proceso para realizar un proyecto inmobiliario con éxito. Estas abarcan desde su concepción hasta la entrega final de las unidades y la administración del inmueble durante su vida útil.

En general, destaca la estricta necesidad del liderazgo y el trabajo en equipo. El primero da el impulso necesario para erigir un proyecto desde cero gracias al ímpetu del empresario. El segundo integra la amplitud de todas las disciplinas y la profundidad que cada uno de los expertos logra en ellas.

La meta es que, con la presentación de consejos y herramientas, este libro sea de utilidad para el emprendimiento de proyectos inmobiliarios, a consciencia de todos los riesgos que implica y con la mira puesta en enfocar los esfuerzos en la alternativa con mayor potencial de rentabilidad.

Glosario

A

Administración de calidad
Plan relacionado con el aseguramiento de la calidad según los estándares esperados.

Administración financiera
Proceso en el que se establecen y controlan los recursos financieros implícitos en un proyecto inmobiliario.

Administración de obra
Disciplina administrativa que integra la planeación, coordinación y control de un proyecto inmobiliario, desde su concepción hasta su terminación, con un enfoque en el cumplimiento de indicadores de tiempo, costo y calidad.

Administración de proveedores
Proceso de coordinar la estructura y relación con los proveedores de servicios y/o materiales para un proyecto.

Administración de recursos humanos
Relativa al entendimiento y clasificación de los roles de cada participante en el proyecto. Define claramente las responsabilidades de cada involucrado y entregable esperado.

Administración del costo
Control del presupuesto establecido del proyecto mediante herramientas de gestión y control de cambios.

Administración del inmueble
Actividad profesional para la conservación de un activo inmobiliario en cuanto a su plan de operación, administración de sus cuentas para el mantenimiento y sus propiedades físicas.

C

Calendario de trabajo
Enlista las principales actividades por realizar durante el desarrollo del proyecto, con sus duraciones estimadas.

Caseta de ventas (*showroom*)
Lugar donde se muestra la información detallada del proyecto a los clientes prospecto. Por lo general, este espacio cuenta con una unidad o display que muestra las condiciones de entrega.

Certificado LEED (*Leadership in Energy and Environmental Design*)
Certificado internacional que otorga el U.S. Green Building Council (USGBC), en el que se evalúa el cumplimiento de un sistema de puntuación con base en métricos de ahorro de energía, eficiencia de agua, reducción de emisiones de carbono, calidad del ambiente interior y utilización de recursos naturales.

Charter
Documento que establece la justificación y el propósito de un proyecto inmobiliario. Reúne las expectativas de los involucrados clave.

Cierre administrativo
Proceso del cierre de contratos con los proveedores que intervienen en un proyecto inmobiliario una vez que concluyen sus actividades.

Cierre técnico
Proceso de recepción de los trabajos, documentos y equipos relacionados por los proveedores subcontratados. Sucede antes del cierre administrativo.

Comité directivo
Grupo de personas responsables de la dirección de un proyecto. Por lo general, se compone de socios inversionistas y directivos del grupo desarrollador.

Contratista
Individuo o negocio que ejecuta actividades dentro de un proyecto y asume obligaciones contractuales.

Crédito puente
Financiamiento de corto plazo que asume un proyecto durante su fase de construcción.

E

Estructura de financiamiento
Composición del financiamiento que obtiene un proyecto inmobiliario en términos del capital, deuda o preventas.

Estudio de factibilidad financiera
Estudio que permite obtener un resultado económico para un proyecto potencial de manera rápida y sencilla.

Estudio de mercado
Documento que arroja conclusiones mediante el análisis del entorno, competencia, consumidores, tendencias, entre otros, y que sirve para conocer la viabilidad comercial de un proyecto.

F

Factor de contingencia en los costos
Porcentaje sobre el total de los costos estimados que se planea para cubrir gastos imprevistos o posibles cambios a lo largo del proyecto.

Fibras
En México, fideicomiso de infraestructura y bienes raíces.

I

Indicadores comerciales
Métricos que muestran el comportamiento de los resultados de las estrategias comerciales.

Ingreso operativo neto
Expresa una medida objetiva del ingreso que genera una propiedad. Equivale al ingreso bruto anual menos los gastos operativos. Ejemplos de ingresos son la renta, el estacionamiento y las máquinas expendedoras; los gastos operativos son costos de operación y mantenimiento como los servicios, los seguros, los impuestos de la propiedad, los honorarios de administración, la seguridad y la limpieza.

M

Mercado inmobiliario
Término que agrupa la oferta inmobiliaria en una zona predeterminada.

Modelo financiero
Herramienta, generalmente apoyada en una hoja de cálculo, que se utiliza para proyectar los flujos y, con ello, obtener los indicadores financieros que sirven para la toma de decisiones.

P

Plan comercial
Documento que integra las acciones necesarias para lograr el éxito comercial de un proyecto inmobiliario. Define la solución que se pretende, la estrategia para atraer al mercado meta y posicionar los productos en el mercado. Incluye el plan de medios.

Plan de administración
Actividades y procesos para administrar los recursos económicos, con especial énfasis en el control de pagos a proveedores y cartera de clientes.

Plan de comunicación
Establece claramente los canales de comunicación interna y externa de los involucrados. Asegura que la información que se genera se distribuya de la mejor manera y se mantenga actualizada.

Plan de inversión
Documento que reúne el objetivo del proyecto y su justificación en términos generales, económicos, de diseño y mercado. Sirve, entre otros, el propósito de lograr el financiamiento.

Plusvalía
Ganancia por incremento en el valor del activo en el tiempo según su mercado.

Plan de inversión para un proyecto inmobiliario
Documento que integra la estrategia completa del proyecto en términos financieros, de mercado, de diseño y los constructivos.

Presupuesto base
Proceso que agrupa los costos estimados en partidas y subpartidas, y que sirve para monitorear el control y administración según el transcurso del proyecto.

Profit margin
Métrica de rentabilidad que se calcula dividiendo el ingreso neto entre las ventas.

Programa base (*baseline*)
Calendario de actividades agrupadas y ordenadas según una estructura acorde al proyecto con sus tiempos de duración predefinidos. En su conjunto, forman un programa base con el cual medir el desempeño en el tiempo.

R

Recorrido de supervisión durante la construcción
Incluye una revisión exhaustiva de los trabajos para asegurar que se ejecuten conforme a los planos y especificaciones, con seguridad y previendo y formulando medidas de contingencia de riesgos.

REIT
Compañía que posee y opera bienes raíces generadores de ingresos en una forma práctica que facilita a los inversionistas individuales invertir en proyectos de gran escala. Cotizan en las principales bolsas de valores del mundo, como las de Londres, Nueva York y Tokio.

Riesgo
Escenarios y posibilidades que pueden afectar el plan de un proyecto y sufrir consecuencias en variables clave como costo, tiempo y calidad.

***Request for proposal* o RFP**
Es una invitación o solicitud formal dirigida a proveedores potenciales de un proyecto para presentar una propuesta de sus servicios de manera específica.

Retorno en el capital (ROE)
Medida de rentabilidad que se obtiene al dividir la utilidad neta entre el monto de capital aportado.

***Return of assets* (ROA)**
Medida de rentabilidad que se obtiene al dividir la utilidad neta entre el valor total de los activos o inversión.

Ruta crítica
Es la secuencia de actividades que determina la duración de un proyecto completo. Cualquier retraso en alguna de ellas afecta la fecha de conclusión.

T

Tablero de indicadores
Es un reporte, generalmente contenido en una sola página, que muestra los métricos principales de un proyecto y sirve para llevar control y monitoreo de los resultados de las actividades consideradas clave.

Tasa interna de retorno (TIR)
Tasa de interés o indicador de rentabilidad que muestra el retorno del proyecto. Para su cálculo se toman en cuenta los flujos de entradas y salidas, y asume que los flujos que se obtienen durante el desarrollo se reinvierten a la misma tasa. Es útil para que los socios inversionistas la comparen con su costo de oportunidad o alternativas de inversión.

U

Uso de suelo
Lineamiento que tiene la autoridad sobre cualquier predio en relación a densidad permitida, coeficiente de utilización y absorción, entre otros factores críticos.

V

Valor presente neto (VPN)
Indicador útil para evaluar si la ganancia incremental es lo suficientemente atractiva según el riesgo, tiempo y trabajo

necesario para aprobar un proyecto. Se obtiene al traer al valor presente los flujos de efectivo proyectados.

Referencias

Bueno, E., Sola, M., García Juan, J. R., y López, E. (2005). *Estrategias en el Mundo Inmobiliario: Dónde y cuándo comprar, qué construir y cómo vender.* Madrid: Ediciones Díaz de Santos, S. A.'

Chamoun, Yamal. (2002). *Administración Profesional de Proyectos-La Guía.* Monterrey, México: McGraw Hill

Mauborgne, Reneé, y Chan Kim, W. (2005). *Blue Ocean Strategy.* EUA: Harvard Business Press

Municipio San Pedro Garza García (2011). *Plan regulador de San Pedro Garza García 2000-2024.* Recuperado de: http://www.sanpedro.gob.mx/gobierno/PlanDesarrolloUrbano/plansedu.asp

Poorvu, W., y Cruikshank, J. L. (1999). *The Real Estate Game: The Intelligent Guide To Decision-making And Investment.* EUA: The Free Press

Tabakman, D. (2006). *Desarrollos inmobiliarios exitosos.* Buenos Aires: Bienes
Raíces Ediciones.

Ligas de interés

CAPÍTULO 1

ISCS, *International Council of Shopping Centers*. Disponible en www.iscs.org NAREIT, *The National Association of Real Estate Investment Trusts*. Disponible en www.reit.com
ULI, *The Urban Land Institute*. Disponible en www.uli.org

CAPÍTULO 2

Empresas de seguros de título: Esta liga pertenece a *First American Financial Corporation*, que provee servicios financieros, incluyendo seguros de título y otros relacionados con la tenencia de la propiedad. (2005). *First American Financial Corporation*. Recuperado de: www.firstam.com

CAPÍTULO 3

En estas tres ligas encontrarás herramientas para el almacenamiento de documentos en línea:
Google Drive. (2011). Recuperado de: www.drive.google.com
Dropbox. (2011). Recuperado de: www.dropbox.com
BaseCamp. (2011). Recuperado de: www.basecamp.com
Para consultar más acerca de cómo establecer una relación profesional de trabajo con un arquitecto, se puede acceder a la página web del *American Institute of Architects*. (2006). Recuperado de: www.howdesignworks.aia.org

En este enlace encontrarás la institución que otorga el certificado internacionalmente reconocido como *Leadership in Energy and Environmental Design*, LEED.
US Green Building Concept. (2011). Recuperado de: www.usgbc.org
Para conocer más acerca de la administración de proyectos:
Project Management Institute (2011). Recuperado de: www.pmi.org
Project Management Institute, capítulo América Latina PMI. (2011). Recuperado de: www.americalatina.pmi.org
El sitio web del CMAA, *Professional Construction and Program Management Worldwide* ofrece certificados de *Certified Construction Manager*.
CMMA, *Professional Construction and Program Management Worldwide.* (2008).
Recuperado de: www.cmaanet.org

Aquí encontrarás herramientas útiles para la planeación y ejecución de proyectos:
Basecamp. (2019). Recuperado de: www.basecamp.com
Asana. (2019). Recuperado de: www.asana.com
Monday. (2019). Recuperado de: www.monday.com
Teamwork. (2019). Recuperado de: www.teamwork.com
Software para la creación de programas de actividades:
Microsoft Project (2010). Recuperado de: www.office.microsoft.com/en-us/project/

Bases de datos en México para obtener costos paramétricos de diferentes tipos de construcciones:

BIMSA Reports S.A. de C.V. (2011). Valuador costos de construcción por m². Recuperado de: www.bimsareports.com

Varela, L. (2008). Costos por metro cuadrado de construcción (2 vol.). Recuperado de: www.varela.com.mx

Para saber más sobre el cálculo de la tasa interna de retorno y el valor presente neto, da clic en los siguientes enlaces. Video por *Meridian Pacific*. (2010). *Internal rate of return defined*. Recuperado de: www.youtu.be/LWAT8PGpSt4

CAPÍTULO 4

Cuadros comparativos de créditos hipotecarios: Liga para el registro de obras ante el Instituto Mexicano del Seguro Social (IMSS): Instituto Mexicano del Seguro Social. (2010). Recuperado de: www.imss.gob.mx

Liga para el instituto de EUA que certifica los miembros inversionistas de bienes raíces comerciales: *Certified Commercial Investment Member*. (2011). Recuperado de: www.ccim.com/about-ccim/what-ccim

CAPÍTULO 5

Para saber más sobre administración de inmuebles, dar clic en las siguientes ligas.

Building Owners and Managers Association International, BOMA. (2011). Recuperado de: www.boma.org

Institute of Real Estate Management, IREM. (2011). Recuperado de: www.irem.org

Aviso legal ©

Rousseau Garza, Carlos Eduardo
Desarrollo inmobiliario - Integrando las piezas

p.
1. Promoción inmobiliaria
LC: HD1375 Dewey: 333.33

ISBN:
Segunda edición: 2020.

www.ingramcontent.com/pod-product-compliance
Lightning Source LLC
Chambersburg PA
CBHW071357210526
45465CB00001B/130